劳动关系管理常见问题解答

贺飞跃 编著

广西人民出版社

图书在版编目（CIP）数据

劳动关系管理常见问题解答 / 贺飞跃编著. —南宁：广西人民出版社，2017.8

ISBN 978-7-219-10372-2

Ⅰ. ①劳…　Ⅱ. ①贺…　Ⅲ. ①劳动法—中国—问题解答　Ⅳ. ①D922.505

中国版本图书馆CIP数据核字（2017）第218537号

责任编辑　韦洁琳
助理编辑　邓　韬
责任校对　黄丽莹
封面设计　李丽莎莎

出版发行　广西人民出版社
社　　址　广西南宁市桂春路6号
邮　　编　530028
印　　刷　广西大华印刷有限公司
开　　本　890mm×1240mm　1/32
印　　张　4.875
字　　数　134千字
版　　次　2017年8月　第1版
印　　次　2017年8月　第1次印刷

ISBN 978-7-219-10372-2
定　价　35.00元

前言

今年3月，国家发布了《关于进一步加强劳动人事争议调解仲裁 完善多元处理机制的意见》（以下简称《意见》）。《意见》指出，"十二五"时期，全国调解仲裁机构共处理劳动人事争议案件756.6万件，年均151.3万件；2015年、2016年，分别处理争议案件172.1万件、177.1万件，同比分别增加10.4%、2.9%。当前和今后一个时期，随着我国经济发展进入新常态，经济下行面临压力，供给侧结构性改革力度不断加大，事业单位等改革不断深化，劳动人事争议将进入多发期，劳动人事争议数量增多与处理难度加大并存的态势将持续存在，预防化解矛盾纠纷的任务艰巨繁重。《意见》提出，有关部门要立足职能职责，加大法律、法规、政策宣传力度，指导用人单位加强劳动人事争议源头预防，推动用人单位全面实行劳动合同或者聘用合同制度，完善单位内部依法民主管理的各项制度……促进用人单位有效预防化解矛盾纠纷。

近几年，我一直在劳动保障监察大队工作，通过到企业巡视、提供咨询、与全国各地劳动保障监察战线的同仁、企业的人力资源负责人网上交流，发现劳资纠纷数量增多，还有下列原因：《劳动合同法》《社会保险法》《职工带薪年休假条例》《劳动争议调解仲裁法》等法律、法规的颁布实施，普法工作不断深入，人们的法律意识不断提高，劳动者维权意识不断增强；当今媒体发达，网络、手机、电视机等普及率高，人们可以随时随地接收、查找各种信息，其中不乏劳动保障方面的案例、咨询，而在报道时，有的媒体省略了一些细节，而这些细节对案件的判决、裁决有很大影响；网上对有的问题解答没有法律、法规依据，有的断章取义，一部分劳动者生搬硬套这些案例来维权；有的劳动者从一些案例中得到"启发"，利用用人单位的疏忽、法律、法规的漏洞，试图获得更多权益。如故意不签书面劳动合同、请人代签劳动合同、故意改变书写习惯否定劳动合同上签名的真实性、利用工作便利藏匿劳动合同，要求用人单位支付未签书面劳动合同的双倍工资差额；利用单位管理漏洞，要求单位支付违法解除劳动合同的双倍经济补偿金等；有的法律工作者在劳动人事争议仲裁院附近揽生意，询问劳动者与用人单位的情况，然后教劳动者维权，而我国劳动保障法律、法规、规章及政策很多，各地还制定了相应的规定，因此精通劳动保障法律的不多，出现了一些劳动者用人单位被误导的现象；不少用人单位，特别是中小企业，没有专业的人力资源管理人员，对劳动保障方面的法律、法规和规章不熟悉；有的大型企业也对新法颁布实施后的一些新情况准备不足，对新的法律、法规不熟悉，对劳资纠纷预防不到位。2015年我们对辖区131家用人单位、174人作问卷调查，发现大家平时参加公益的、非公益的劳动保障的法律、法规培训很少，熟悉劳动保障法律、法规的极少（仅14人表示熟悉）。2017年6月，我们收回的138份调查问卷中，仅17人表示熟悉劳动保障法律法规。

近几年，我履行宣传劳动保障法律、法规和规章的职责，通过到企业宣传、网上答疑解惑、利用《中国劳动保障报》、当地的报纸杂志宣传、为企业的人力资源管理负责人讲课等形式，提高用人单位依法用工，规范用工、防范用工风险的意识，受到了大家的好评。一些单位的人力资源管理人员因工作忙、路途远等原因没有听我讲课而感到遗憾。看到有我主讲的讲座，有的人力资源管理负责人自掏腰包来参加。听说我要把这些讲课、答疑解惑的内容编写成书，看了写好的部分内容后，不少网友提出增加薪酬设计、多写案例等建议，并点赞、预定，期待该书"早产"，还提供了《劳动用工解疑》《人力资源管理实操指南》《劳动用工必读》等书名，我深受感动。

为进一步提高大家的劳动保障法律、法规意识，落实好《意见》的要求，指导用人单位依法用工，预防劳资纠纷产生，我把自己这几年来的讲课内容、网友咨询，结合《中国劳动保障报》《劳动保障法律法规专刊》《中国人力资源社会保障》《人事天地》劳动法库劳动微言等中的案例，对企业人力资源管理中劳动关系方面的一些内容，以问答的形式给大家作一些解答，引导大家更好地学法、用法。哈佛肯尼迪政府学院教授约翰·科尔曼说：所谓一本万利的投资，真的只有"终身学习"。希望大家多学习，此书能给企业的人力资源管理带来福音，也希望它成为我们劳动保障战线的监察员、协查员、仲裁员、调解员的良师益友！

编写该书的过程中，得到《中国劳动保障报》"法律服务"栏目编辑孟晓蕊、广西劳动保障监察局刘瑛副局长等的指导，南宁市劳动人事争议仲裁院副院长蒋晟提出了宝贵的修改意见，得到广大网友的支持、鼓励，在此深表感谢。由于时间仓促，水平有限，难免出现错误，热忱欢迎大家批评指正！

贺飞跃

2017 年 8 月

目 录

CONTENTS

一、劳动规章制度 1

1. 用人单位制定的规章制度怎样才合法有效? 2

2. 用人单位怎样通过民主程序制定规章制度? 5

3. 规章制度公示的方式有哪些? 公示不宜采
   用哪些方式? 5

4. 制定规章制度还应注意哪些问题? 6

5. 规章制度与集体合同或者劳动合同约定的
   内容不一致, 怎么办? 7

6. 带薪丧假, 怎样管理才有效? 8

二、劳动合同的签订 9

7. 用人单位与劳动者签订了劳动合同, 就
   建立了劳动关系吗? 10

8. 用人单位不建立职工名册，会受到处罚吗？ 　　　10

9. 职工名册应当具备哪些内容？ 　　　11

10. 为什么签订劳动合同前要对新招录劳动者
    进行背景调查？ 　　　11

11. 背景调查的内容主要有哪些、如何调查？ 　　　12

12. 婚育情况是与劳动合同直接相关的基本情况吗？ 　　　13

13. 能否录用与其他单位还存在劳动关系的员工？ 　　　14

14. 与即将毕业的大学生怎样订立合同？ 　　　15

15. 用人单位如何与达到法定退休年龄的劳动者
    订立合同？ 　　　16

16. 为什么单位先与劳动者订立书面劳动合同再
    安排劳动者上班比较好？ 　　　16

17. 劳动者拒绝与单位签订书面劳动合同，单位
    应该怎么办？ 　　　17

18. 为什么与劳动者签订了劳动合同，单位还要
    支付未签劳动合同的双倍工资差额？ 　　　17

19. 劳动者骗取未签书面劳动合同的双倍工资，
    用人单位如何防范？ 　　　18

20. 用人单位未与劳动者签订书面劳动合同，一定
    要支付劳动者双倍工资吗？ 　　　18

21. 劳动合同上要盖骑缝章吗？ 　　　21

22. 劳动合同上为什么要让劳动者加按手印？ 　　　21

23. 用人单位发生变更后，要重新签订劳动合同吗？ 　　　22

24. 劳动合同期满出现法定续延情形时，要重新

　　签订劳动合同吗？ 22

25. 如何做好劳动合同的续签工作？ 22

26. 劳动合同中"自动顺延"的条款有效吗？ 23

三、劳动合同的条款 25

27. 劳动合同应当具备哪些条款？ 26

28. 劳动合同中，约定工作内容要注意哪些事项？ 26

29. 劳动合同中，约定工作地点要注意哪些事项？ 26

30. 约定工作时间应注意哪些问题？ 27

31. 劳动合同期限有哪几种？ 28

32. 怎样合理选择固定劳动合同期限？ 28

33. 无固定期限劳动合同是铁饭碗吗？ 28

34. 哪些情形，用人单位应当与劳动者签订无

　　固定期限劳动合同？ 29

35. 休息休假的条款，有哪些内容需要明确？ 29

36. 劳动报酬条款要注意哪些问题？ 30

37. 约定不缴纳社保或劳动者自己缴纳社保可以吗？ 30

38. 试用期期限有哪些规定？ 31

39. 违法约定试用期有什么后果？ 31

40. 能延长劳动者试用期吗？ 32

41. 法律对劳动者试用期工资有什么要求？ 32

42. 约定试用期录用条件应注意哪些问题？ 33

43. 如何与劳动者约定竞业限制条款？ 34

四、劳动合同的履行 37

44. 劳动者试用期内非因工受伤，医疗期满后，
用人单位可否不予录用？ 38

45. 哪些费用属于专项培训费用？ 39

46. 劳动者违反服务期约定，违约金如何计算？ 39

47. 用人单位可以请求解除竞业限制协议吗？ 40

48. 劳动者可以请求解除竞业限制协议吗？ 40

49. 劳动者支付违约金后就可以不履行竞业限制
协议了吗？ 41

50. 如何预防违法解除劳动合同的风险？ 41

51. 劳动者不辞而别，用人单位该怎么办？ 41

52. 用人单位不能依据《劳动合同法》第四十、
四十一条的规定解除劳动合同的情形有哪些？ 44

53. 哪些情形劳动合同期满时要续延至相应情形
消失时终止？ 44

54. 用人单位应当如何履行解除或终止劳动合同
的手续？ 45

55. 解除、终止劳动合同证明如何写？ 45

56. 用人单位不出具解除、终止劳动合同的证明，
有什么后果？ 46

57. 员工患精神病，用人单位该如何处理？ 46

58. 签订了离职协议支付了赔偿金，单位为什么

　　还要赔偿? 47

59. 协商解除劳动合同后，劳动者反悔，要求恢复

　　劳动关系，为什么法院支持了其诉求? 49

60. 公司司机开车致人死亡，公司如何处理? 50

61. 劳动者被拘留或逮捕期间，用人单位怎么办? .. 51

62. 连续订立两次固定期限劳动合同，劳动合

　　同期满后，用人单位能否终止合同? 52

63. 用人单位能否调整劳动者工作岗位? 53

64. 单位客观情况发生变化，职工不接受调岗怎么办? 54

65. 能与处于"三期"的女职工解除劳动合同吗? .. 55

66. 用人单位如何对劳动者进行调岗? 56

五、劳务派遣和非全日制用工　　59

67. 劳务派遣协议应当具备哪些内容? 60

68. 单位使用劳务派遣工，需遵守哪些规定? 60

69. 什么是非全日制用工? 61

70. 非全日制用工，要注意哪些问题? 61

六、工作时间及休假　　63

71. 法律、法规对劳动者工作时间有哪些规定? 64

72.《企业职工带薪年休假实施办法》中享受年
   休假的条件"职工连续工作满 12 个月以上",
   如何理解?   64

73.《企业职工带薪年休假实施办法》中"累计
   工作时间"、年休假天数如何确定?   65

74. 职工有哪些不享受当年的年休假的情形?   65

75. 员工新进单位后,在新单位还能享受带薪年休假吗?   66

76. 职工已享受当年的年休假,年度内又出现不能
   享受当年年休假的情形怎么处理?   67

77. 年休假假期不包括哪些时间?   67

78. 员工辞职,当年度未休年休假,单位要支付
   其未休假的 3 倍工资报酬吗?   67

79. 带薪年休假可以按小时请吗?   67

80. 年休假不休就是自动放弃吗?   68

81. 法定节假日有哪些、具体是哪几天?   69

82. 现在女职工产假是多少天?   69

83. 什么是夜班劳动?   70

84. 如何理解产前休假 15 天的规定?   70

85. 产假包括法定节假日、休息日在内吗?   70

86. 男职工护理假(陪护假、看护假)包括法定
   节假日、休息日在内吗?   70

87. 男职工护理假(陪护假、看护假)可以提前请吗?   71

88. 计划生育节育手术假期的规定怎样?   72

89. 职工结婚有 3 天法定假吗?   73

90. 职工请丧假有何规定？　　　　　　　　　　74

91. 什么是医疗期？　　　　　　　　　　　　　74

92. 医疗期长短是如何规定的？　　　　　　　　74

93. 医疗期如何计算？　　　　　　　　　　　　75

94. 产前检查时间如何确定？　　　　　　　　　75

95. 职工请假休息保胎怎么办？　　　　　　　　75

七、工伤保险　　　　　　　　　　　　　　77

96. 职工有哪些情形的，应当认定为工伤？　　78

97.《工伤保险条例》中"非本人主要责任"如何认定？　81

98. 职工有哪些情形的，视同工伤？　　　　　81

99. 职工有哪些情形不得认定为工伤或者视同工伤？　81

100. 如何认定 48 小时内经抢救无效死亡为工伤？　82

101.《工伤保险条例》中"故意犯罪""醉酒
　　或者吸毒"如何认定？　　　　　　　　　84

102. 哪些情形是与履行工作职责相关，在工作
　　时间及合理区域内受到伤害，应当认定为工伤的？　84

103. "因工外出期间"如何认定？　　　　　　85

104. "上下班途中"如何理解？　　　　　　　85

105. 提出工伤认定申请应当提交哪些材料？　　85

106. 不及时申请工伤认定，有什么后果？　　　86

107. 员工参加单位组织的跳绳比赛崴伤了脚，
　　算不算工伤？　　　　　　　　　　　　　86

108. 员工户外作业严重中暑，算不算工伤？ 86

109. 单位的司机开车发生交通事故受伤并被追究
刑事责任，还能认定为工伤吗？ 87

110. 工伤保险不能报销的费用由哪个承担？ 88

111. 员工拒不接受工伤治疗、劳动能力鉴定，
用人单位怎么办？ 88

112. 员工工作期间，违反安全操作规程，造成
伤亡，能否认定为工伤？ 89

113. 单位未为劳动者缴纳工伤保险金，劳动者
发生工伤怎么办？ 89

114. 员工工伤，单位要支付其哪些待遇？ 90

八、失业保险 91

115. 用人单位应当为失业员工领取失业金履行
哪些义务？ 92

116. 什么是非本人意愿中断就业？ 92

九、劳动报酬 95

117. 劳动报酬包括哪些？ 96

118. 劳动者的哪些劳动收入不属于工资范围？ 96

119. 什么是最低工资标准？ 97

120. 加班工资基数如何确定？ 98

121. 劳动者法定节假日、休息日上班，用人单位
　　 要支付其加班工资吗？ 　　　　　　　　　　　　99

122. 周末参加工会组织的活动，单位要付加班工资吗？ 100

123. 实行综合计算工时制的员工加班有加班工资吗？ 101

124. 综合计算工时制人员的加班工资如何计算？ 101

125. 用人单位安排非全日制员工法定节假日上班
　　 要支付加班费吗？ 　　　　　　　　　　　　　　102

126. 加班工资如何计算？ 　　　　　　　　　　　　　103

127. 用人单位安排员工法定节假日、双休日
　　 出差，要支付加班工资吗？ 　　　　　　　　　　103

128. 煮饭阿姨下班途中自己摔伤，用人单位要
　　 支付医药费吗？ 　　　　　　　　　　　　　　　104

129. 未休年休假工资报酬怎么计算？ 　　　　　　　　105

130. 工资清单（工资发放表）应当具备哪些内容？ 106

131. 工资清单（工资发放表）应当保存多久？ 106

132. 一次性伤残就业补助金如何计算？ 　　　　　　　106

133. 一次性工亡补助金如何计算？ 　　　　　　　　　107

134. 职工因工死亡，其近亲属享受哪些待遇？ 107

135. 什么是薪酬管理的三 E（3 Equity）原则？ 108

136. 劳动者取保候审期间，不来单位上班，单位
　　 该如何支付工资？ 　　　　　　　　　　　　　　108

137. 什么是克扣工资？ 　　　　　　　　　　　　　　109

138. 员工病假（非工伤或职业病），用人单位
　　 该如何支付其工资？ 　　　　　　　　　　　　　109

139. 哪些情形属于依法参加社会活动，用人单位
应当依法支付工资？ 111

140. 员工请假参加征兵体检，单位要支付其工资吗？ 111

141. 女职工产假期间，用人单位如何发放其工资？ 111

142. 员工计划生育节育手术假期工资如何计算？ 112

143. 什么是无故拖欠工资？ 113

144. 赔偿款从劳动者工资中扣除，有哪些限制？ 113

145. 什么情况下，用人单位要支付劳动者不低于
6 个月工资的医疗补助费？ 114

146. 非因劳动者原因停工停产，用人单位该如何
支付工资？ 114

147. 实行计件（提成）工资要注意哪些问题？ 114

148. 什么情况下用人单位需支付劳动者高温津贴？ 115

149. 你愿意拿 18000 元还是 18001 元年终奖？ 116

150. 用人单位怎样调薪？ 116

151. 薪酬设计一般分哪几步？ 117

152. 解除或终止劳动合同的经济补偿金如何计算？ 117

153. 用人单位要为职工缴存住房公积金吗？ 121

154. 住房公积金缴存额是多少？ 121

十、劳动争议调解仲裁法 123

155. 用人单位对哪些方面的争议负举证责任？ 124

156. 哪些劳动争议实行一裁终局？ 124

157. 用人单位面对一裁终局制的裁决怎么办？ 125

158. 申请劳动争议仲裁的时效规定有哪些？ 125

159. 劳动者追索 2 年前的加班工资、未休年休假
工资报酬，能得到支持吗？ 126

160.《劳动法》第八十二条中"劳动争议发生之日"
如何认定？ 128

十一、社会保险补贴、残疾人就业保障金、招聘 129

161. 用人单位什么情况下可享受社会保险补贴？ 130

162. 用人单位什么情况下可享受稳岗补贴？ 130

163. 稳岗补贴的使用范围及申领期限怎样？ 131

164. 用人单位招用人员不得有哪些行为？ 131

165. 用人单位可以通过哪些途径自主招用人员？ 131

166. 国家对用人单位招用残疾人有哪些规定？ 132

十二、企业诚信 135

167. 企业的哪些重大劳动保障违法行为将会被
社会公布？ 136

168. 企业重大劳动保障违法行为被公布后，会
对企业产生哪些影响？ 136

169. 用人单位对社会公布内容有异议，如何解决？ 137

170. 人力资源社会保障行政部门根据哪些情况对
     企业劳动保障守法诚信等级进行评价？   137

171. 企业劳动保障守法诚信等级是如何划分的？   137

172. 企业劳动保障守法诚信等级评价情况对企业
     有何影响？   138

一、劳动规章制度

劳动规章制度是用人单位为维护单位正常的劳动、工作、学习、生活秩序，依照法定程序制定的、对本单位全体劳动者具有约束力的组织劳动过程和进行劳动管理的规则和制度的总和，是企业内部的"法律"，有的单位叫《员工手册》《员工须知》。实践中，大多数用人单位制定了规章制度，但不少单位依据规章制度处罚劳动者时却被认为违法，被裁决撤销处罚、支付违法解除劳动合同双倍经济补偿金等，裁判的依据主要是用人单位制定的规章制度不合法。好的制度能让坏人干不了坏事，不好的制度能让好人变坏。下面就如何完善劳动规章制度谈几个问题。

1. 用人单位制定的规章制度怎样才合法有效？

答：《最高人民法院关于审理劳动争议案件适用法律若干问题的解释》（法释【2001】14 号）第十九条规定："用人单位根据《劳动法》第四条之规定，通过民主程序制定的规章制度，不违反国家法律、行政法规及政策规定，并已向劳动者公示的，可以作为人民法院审理劳动争议案件的依据。"

因此，用人单位制定的规章制度，一定要符合通过民主程序制定、内容合法、向劳动者公示等三个条件，才合法有效，才可以作为企业内部的"法律"。

案例 1：

马某 2011 年 8 月 1 日进入某公司担任区域销售经理，双方签订劳动合同，期限至 2014 年 7 月 31 日。入职时公司告知马某，《考核管理规定》中规定"销售管理人员淘汰线是指业绩指标完成率 ＜ 50%"，同时明确"淘汰是指公司与员工解除劳动合同、并不支付任何赔偿金和经济补偿金"。该《考核管理规定》实施前已经过公司职代会民主商讨，马某在该规定上签了名。2013 年 12 月 1 日，公司以马某考核结果低于淘汰线，无法胜任工作为由，根据《考核管理规定》与其解除劳动合同并不给予任何经济补偿金。马某以该公司违法解除劳动合同为由提起仲裁申请，请求该公司支付违法解除劳动合同赔偿金 17690 元。

裁决结果： 公司向马某支付赔偿金 17690 元。

评析： 用人单位单方面与劳动者解除劳动合同，应当符合法律的规定。本案中，虽然公司的《考核管理规定》经过民主程序制定并经马某签字确认，但规章制度中有关业绩淘汰、直接解除劳动关系并不支付任何补偿的内容与《劳动合同法》第四十条"劳动者不能胜任工作，经过培训或者调整工作岗位，仍不能胜任工作的"的规定相违背，因此规章制度的该条款无效，构成违法解除劳动合同。

案例 2：

李某 2009 年 8 月 13 日进入某公司工作，双方签订书面劳动合同，工种为驾驶员。李某合同期内先后发生 4 次交通事故，其中一次经人民法院调解，公司赔偿受害人精神损害抚慰金以及其他损失共 7 万多元（含超载、闯红灯被罚款项）。公司对李某罚款 3000 元。2010 年 7 月，公司以李某多次发生交通事故、多次严重失职为由，书面通知与其解除劳动合同。公司规章制度规定，劳动者违反规章制度给公司造成损失的要受到罚款处罚。后李某申请仲裁，认为超载被罚款，是单位造成的，该部分罚款不应由自己承担，公司应按照规章制度的相应规定，返还自己罚款 2202.80 元。

裁决结果： 公司返还李某罚款 2202.80 元。

评析： 民事案件实行"不告不理"原则，对于原告没有主张的那部分权益，即使实际损失确实比原告主张的要高，也应当视为原告已经自愿放弃该部分权益，法院不能依职权去多判。所以该案未裁决公司返还罚款 3000 元，而仅支持了劳动者 2202.80 元的请求。

《企业职工奖惩条例》废止后，用人单位与劳动者在规章制度中约定的罚款条款已失去法律依据，实践中，一般认为，对公民实施罚款的主体仅限于有法律法规授权的行政机关、司法机关等，故企业在规章制度中应慎用"罚款"二字。如，《广东省劳动保障监察条例》第五十一条规定，用人单位对劳动者实施罚款，由人力资源社会保障行政部门责令限期改正；逾期未改正的，按照被罚款或者扣减工资的人数每人 2000 元以上 5000 元以下的标准处以罚款。当然也有人认为，规章制度中的措辞虽为罚款，但有时实际上是赔偿，该观点得到了仲裁员、法官的认可。因此建议用人单位在规章制度中不用"罚款"二字，可规定因劳动者本人原因对单位造成损失的，予以赔偿，赔偿款从工资中扣除（注意：不得违反《工资支付暂行规定》第十六条"但每月扣除的部分不得超过劳动者当月工资的 20%。若扣除后的剩余工资部分低于当地月最低工资标准，则按最低工资标准支付"的规定），或者减少绩效奖、年终奖、安全奖等。

案例 3：

2008 年 7 月某公司以李某不服从管理、影响正常生产秩序、违反公司规章制度为由，与其解除劳动合同。李某认为自己虽有违纪事实，但未构成解除劳动合同的条件，同时公司未向自己公示该规章制度，申请劳动仲裁，要求公司撤销解除劳动合同决定，继续履行劳动合同。

终审裁决：公司的规章制度中，解除劳动合同的条款中未包含员工不服从管理、影响正常的生产秩序的情形，且公司不能举证证明该规章制度已向李某公示。因此，该规章制度不能作为公司与李某解除劳动合同的依据，公司应撤销对李某的解除劳动合同决定，继续履行与李某签订的劳动合同。

评析：《劳动合同法》规定用人单位具有单方法定解除劳动合同的权力，但没有明确规定什么是严重违反规章制度的情形。用人单位应当完善自己的规章制度，对什么情形属于一般违纪、什么行为属于严重违纪要做出明确的界定，同时要把该规章制度的内容公示或告知劳动者。如果劳动者出现违纪行为，单位要及时做出书面处理，并让劳动者签收处理决定，采取证据式管理，以便发生劳动争议时，用人单位可以举证。如规章制度对解除劳动合同的情形规定不明确，规章制度未对劳动者进行公示或告知等，用人单位将承担违法解除劳动合同、支付双倍经济补偿金的风险。

2. 用人单位怎样通过民主程序制定规章制度？

答：《劳动合同法》第四条规定：用人单位应当依法建立和完善劳动规章制度，保障劳动者享有劳动权利、履行劳动义务。用人单位在制定、修改或者决定有关劳动报酬、工作时间、休息休假、劳动安全卫生、保险福利、职工培训、劳动纪律以及劳动定额管理等直接涉及劳动者切身利益的规章制度或者重大事项时，应当经职工代表大会或者全体职工讨论，提出方案和意见，与工会或者职工代表平等协商确定。在规章制度和重大事项决定实施过程中，工会或者职工认为不适当的，有权向用人单位提出，通过协商予以修改完善。

《工会法》第三十八条规定：企业、事业单位研究经营管理和发展的重大问题应当听取工会的意见；召开讨论有关工资、福利、劳动安全卫生、社会保险等涉及职工切身利益的会议，必须有工会代表参加。企业、事业单位应当支持工会依法开展工作，工会应当支持企业、事业单位依法行使经营管理权。《公司法》第十八条规定：公司应当为本公司工会提供必要的活动条件。公司工会代表职工就职工的劳动报酬、工作时间、福利、保险和劳动安全卫生等事项依法与公司签订集体合同。

因此，用人单位制定规章制度时，必须按上述规定办理，并保管好相应的会议签到表、讨论记录、信函收发记录等资料，以便发生争议时有据可查、有证可举。

3. 规章制度公示的方式有哪些？公示不宜采用哪些方式？

答：公示的方式主要有：在本单位的公告栏或本单位每个工作场所张贴；在单位的网站向全体人员公示；当面告知劳动者，并发放规章制度（员工手册），作为劳动合同的附件，让员工当面签收；

采用培训、考试的方式让员工熟知（注意做好培训记录、签名、保管好试卷）。

建议单位尽量避免采用举证困难的公示方法，如网站公布，有的员工不上网、单位又未规定员工必须上网、又不是每个员工都可以上单位的内部网站，公示的范围受到了限制；用电子邮件告知，时间长了，邮件可能被删掉了；在公告栏、宣传栏张贴，会因时间久了而被污损或撕掉而不能举证。

4. 制定规章制度还应注意哪些问题？

答：还应注意：（1）规章制度要合理，符合社会道德的要求。要以人为本，合理制定规章制度，营造良好的拴心留人环境。如有的单位规章制度规定，吃一顿饭不能超过几分钟；一天上厕所不能超过几次，每次不能超过几分钟等。这些虽然不违反法律、法规的规定，但不合理；（2）对什么是严重违反用人单位规章制度、严重失职，营私舞弊，给用人单位造成重大损害进行细化。如规定旷工多少天、迟到多少次、造成直接经济损失、间接经济损失多少元等为严重违反单位规章制度，这样一旦发生单位因员工严重违反规章制度而单方解除劳动合同、员工主张单位违法解除劳动合同的情况时，无须仲裁员、法官去自由裁量是否构成严重违反规章制度，从而降低用工风险和成本［《关于贯彻执行〈劳动法〉若干问题的意见》第八十七条指出，劳动法第二十五条第（三）项中的"重大损害"应由企业内部规章来规定，不便于在全国对其作统一解释。若用人单位以此为由解除劳动合同，与劳动者发生劳动争议，当事人向劳动争议仲裁委员会申请仲裁的，由劳动争议仲裁委员会根据企业的类型、规模和损害程度等情况，对企业规章中规定的"重大损害"进行认定］；（3）不断完善规章制度。因为客观情况不断变化，法律、法规应不断完善，如2016年各地修订人口与计划生育条例，增加了产假等，单位也应不断修改、完善相应的规章制度，以适应新形势的需要。

案例：

李女士向单位请假，到某三甲医院进行孕检，被诊断为先兆性流产，医生为其开具了休息 3 天的疾病证明书，李女士遂打电话告知了单位该情况，并请假 3 天，单位的部门领导却以单位规章制度规定请假要提前 1 天并写请假条为由，不予批准。李某盼子心切，没顾那么多，便在家休息了 3 天，单位以其旷工 3 天为由，与其解除劳动合同。李女士不服，申请劳动争议仲裁，要求确认单位违法解除劳动合同，继续履行劳动合同，其请求得到了仲裁委的支持。

评析：人力资源是生产活动中最宝贵的资源，单位要以人为本，合理制定、适用规章制度，营造拴心留人的良好环境，构建和谐劳动关系，为企业的发展壮大打下坚实的基础。

5. 规章制度与集体合同或者劳动合同约定的内容不一致，怎么办？

答：《最高人民法院关于审理劳动争议案件适用法律若干问题的解释（二）》（法释【2006】6 号）第十六条规定："用人单位制定的内部规章制度与集体合同或者劳动合同约定的内容不一致，劳动者请求优先适用合同约定的，人民法院应予支持。"由此看出，当二者发生冲突时，法院的评判标准依据劳动者的请求而定。实践中，采取就高不就低的原则，保护劳动者的合法权益。

目前国家还没有法律、法规禁止约定解除劳动合同的条款，依据契约自由的原则，用人单位和劳动者在不违反法律规定的情况下，可以在劳动合同中约定解除劳动合同的条件，避免因规章制度无效而产生违法解除劳动合同的风险。

6. 带薪丧假，怎样管理才有效？

案情：

某公司规定员工享受带薪丧假，有些员工想请假，就说爷爷、奶奶、外公、外婆等亲人去世了，但他们这些亲人可能早几年就不在了。公司老总也认为，谁都不会拿自己亲人的死亡来开玩笑，但有一员工太过分了，过年为了多玩几天，就说自己的外婆过世，要请丧假。

答： 当今确实出现一些劳动者不诚实的情况，2016 年就有一个单位的人力资源管理负责人反映，一员工上午请假说去参加其外婆的追悼会，但晚上就在微信朋友圈发布其在 KTV 尽情喝酒、唱歌的照片。因此单位需加强规章制度管理，不妨从以下方面着手：（1）明确死亡亲属的范围。《关于国营企业职工请婚丧假和路程假问题的规定》中规定：职工本人的直系亲属（父母、配偶和子女）死亡时，可以根据具体情况，由本单位行政领导批准，酌情给予 1 至 3 天的丧假。江苏省《关于职工的岳父母或公婆死亡后可给予请丧假问题的通知》规定，职工的岳父母或公婆死亡后，需要职工料理丧事的，由本单位行政领导批准，可酌情给予 1 至 3 天的丧假。有的单位实行人性化管理，把外公外婆、爷爷奶奶等也列入职工可以享受带薪丧假的亲属范围，这可以，但一定要在规章制度中予以明确；（2）要求员工在入职登记表上，登记好入职时尚在世的上述亲属的姓名、出生时间、工作单位、居住地等情况，存档备用；（3）履行好请假审批手续，保留好证据。请假条上写明去世人员的姓名、死亡地点、与本人的关系等情况，未登记在入职登记表上的亲属死亡时，不予批假；（4）做好请假统计归档。凡弄虚作假，重复请假的，一律不批并做出扣减绩效奖金、通报批评等处理；（5）提供亲属死亡证明。可让员工提供其亲属所在地的乡（镇）、村、街道办事处等单位的死亡证明或火花证明或追悼会图片等材料；（6）让员工在考勤表上签字、确认、核对请假天数、工作天数等情况，保留好考勤表备查。

二、劳动合同的签订

《劳动合同法》第十条规定，建立劳动关系，应当订立书面劳动合同。已建立劳动关系，未同时订立书面劳动合同的，应当自用工之日起一个月内订立书面劳动合同。实践中，有的用人单位不知道该与劳动者签订劳动合同还是劳务合同；不知道如何续签劳动合同；一些用人单位与劳动者签订劳动合同时忽视了一些细节，被个别劳动者钻空子，出现签订了书面劳动合同而不少劳动者还要求用人单位支付未签书面劳动合同双倍工资差额的案例，下面谈谈用人单位如何做好这些工作、提高依法与劳动者签订书面劳动合同、防范用工风险的问题。

7. 用人单位与劳动者签订了劳动合同，就建立了劳动关系吗？

答： 不是。

《劳动合同法》第七条规定：用人单位自用工之日起即与劳动者建立劳动关系；第十条规定，用人单位与劳动者在用工前订立劳动合同的，劳动关系自用工之日起建立。因此，如果双方签订了劳动合同但劳动者还没有开始为用人单位提供劳动，劳动关系就还未建立，劳动合同并不等于劳动关系，用人单位不妨先与劳动者签订书面劳动合同，明确双方的权利、义务，再让劳动者上岗工作，以减少麻烦。如，劳动者上岗后不与单位签订书面劳动合同，单位需书面通知其签订劳动合同、书面通知与其终止劳动关系等。

8. 用人单位不建立职工名册，会受到处罚吗？

答：《劳动合同法实施条例》第三十三条规定：用人单位违反《劳动合同法》有关建立职工名册规定的，由劳动行政部门责令限期改正；逾期不改正的，由劳动行政部门处 2000 元以上 2 万元以下的罚款。因此，用人单位要自觉遵守法律、法规，按要求完善管理，在劳动行政部门责令限期改正后，要及时改正错误，否则将受到处罚。

9. 职工名册应当具备哪些内容?

答:《劳动合同法实施条例》第八条规定:职工名册应当包括劳动者姓名、性别、公民身份号码、户籍地址及现住址、联系方式、用工形式、用工起始时间、劳动合同期限等内容。为便于管理,建议单位增加紧急联系人(委托人)、联系电话、QQ、微信号、身份证号码等内容,以便发生意外情况时及时与其联系,处理后续事宜。

10. 为什么签订劳动合同前要对新招录劳动者进行背景调查?

答:信任是建立在了解之上的。对新招用人员进行背景调查,不代表不信任员工,对员工一定要信任,向录用人选说明情况后,进行透彻的调查必不可少,也能显示出对其尊重。实践中,有的用人单位没有做好人员招聘规划,平时也没有注意做好人才储备工作,结果一旦出现某岗位缺人,就急匆匆地招人,招来即用,后来一调查,发现有的员工以前在原单位表现不好,有劣迹,试用过程中又暂时没有发现其有不符合录用条件的情形,但又找不到与其解除劳动合同的依据;有的工作几天就不辞而别了,大大增加了招聘工作量。

有人说,招人不背调,等于买车不上保。这比方比较恰当。2017年6月发生的杭州保姆纵火案,造成主家中母子4人死亡,给我们敲响了警钟。如果对保姆的家庭背景、工作动机、有无不良爱好、有无诉讼等情况进行深入调查,也许就不会发生这样的悲剧了。我们企业招人一定要谨慎。想一想招的会不会是竞争对手的卧底?否则带来怎样的损失就不得而知了。

《劳动法》《劳动合同法》规定,以欺诈的手段使对方在违背真实意思的情况下订立或者变更劳动合同的,劳动合同无效或者部分无效。《劳动合同法》第八条规定,用人单位有权了解劳动者与劳动合同直接相关的基本情况,劳动者应当如实说明。单位招聘劳动者,要保证招聘的成功率,保持员工队伍的相对稳定,就需要对劳动者进行考察。有些工作岗位,法律、法规对劳动者有特殊的要求，如《保安服务管理条例》第十七条规定："有下列情形之一的，不得担任保安员：（一）曾被收容教育、强制隔离戒毒、劳动教养或者3次以上行政拘留的；（二）曾因故意犯罪被刑事处罚的；（三）被吊销保安员证未满3年的；（四）曾两次被吊销保安员证的。"《公司法》《企业国有资产法》《保险法》对担任公司的董事、监事、高级管理人员，《拍卖法》对拍卖师，《商业银行法》对担任商业银行的董事、高级管理人员，《证券投资基金法》对担任公开募集基金的基金管理人的董事、监事、高级管理人员和其他从业人员、《证券法》对担任证券交易所的负责人、《企业破产法》对管理人、《种子法》对企业的法定代表人、高级管理人员，《安全生产法》对主要负责人，《食品安全法》对食品安全管理人员等都有特定要求。如果单位招用这些岗位的人员就需对上述内容进行调查，在《入（求）职登记表》中设置相应的内容，让劳动者如实填写。如果劳动者隐瞒了其不具备上述岗位条件的情形，就构成欺诈，劳动合同无效，单位可以以此为由不要该劳动者上班了，支付其相应劳动报酬就可以了。

因此，用人单位要注意提前做好招聘计划，签订劳动合同前最好对新招录劳动者进行背景调查，预防招到劣迹斑斑的员工，预防个别劳动者隐瞒犯罪、吸毒、年龄、双重劳动关系、重大疾病等信息而导致单位遭受损失，降低用工风险，提高招聘成功率、人员稳定率。

11. 背景调查的内容主要有哪些、如何调查？

答： 背景调查的内容主要有：（1）年龄。主要的调查方式是查看劳动者的身份证（最好去当地派出所查验一下其真假）、户口本等有效证件，防止招用童工；（2）身体健康情况。主要看其体检表（最好带劳动者去体检，防止其调包），让其如实说明有无高血压、精神病史，以防其忘记服药而突发脑溢血、精神病；有无心脏病史，防止其突发疾病，给单位造成损失；（3）学历、相应技能或技术资格证，可网上搜索核对、向颁发证件单位、其原工作单位调查询问，防止出现无证上岗或证件过期、假文凭（毕业证书可在全国高等学校学生信息咨询与就业指导中心网站查询或认证）、假证等情况；

（4）与其他单位有无劳动关系。主要看其解除或终止劳动关系的证明，防止双重劳动关系给原单位造成损失而承担连带赔偿责任；

（5）现实表现。可以向其原工作单位调查了解，在中国裁判文书网上查看其与原工作单位有无诉讼、诉讼的事由等，防止招用到专门找用人单位漏洞的劳动者。

例：入职登记表部分内容

1.乙方（劳动者）承诺向甲方提供的与应聘有关的资料、信息（包括但不限于身份证、学历证、职称证、执业资格证等）真实、合法、有效。否则，视为乙方以欺诈手段订立本合同；

2.乙方承诺未患有不适合本工作岗位的疾病，无高血压史、无精神病史，无心脏病、传染病等疾病，否则视为乙方以欺诈手段订立本合同；

3.乙方保证在签订本合同时与其他任何用人单位不存在劳动关系，也不存在其他影响乙方履行本合同义务的其他法律关系，否则，视为乙方以欺诈手段订立本合同，甲方有权随时解除本合同。

12. 婚育情况是与劳动合同直接相关的基本情况吗？

答：婚育情况属于劳动者个人隐私，一般与劳动合同不直接相关，劳动者可以拒绝告知。但身体健康状况属于与劳动合同直接相关的基本情况，有的工作属于女职工孕期禁忌从事的，如从事抗癌药物、己烯雌酚生产，接触麻醉剂气体等的作业；有的工作岗位需要员工经常出差、有的工作属于哺乳期女职工禁忌从事的，当用人单位招聘此类岗位的人员时，生育情况就与完成所应聘岗位直接相关，用人单位就有权了解，劳动者必须如实告知，否则构成欺诈，导致签订的劳动合同无效。

13. 能否录用与其他单位还存在劳动关系的员工？

答：有的员工因内退等原因社会保险金在其他单位扣缴，说明该员工可能还与其他单位存在劳动关系。根据《最高人民法院关于审理劳动争议案件适用法律若干问题的解释（三）》第八条"企业停薪留职人员、未达到法定退休年龄的内退人员、下岗待岗人员以及企业经营性停产放长假人员，因与新的用人单位发生用工争议，依法向人民法院提起诉讼的，人民法院应当按劳动关系处理。"的解释，用人单位可以录用这样的劳动者，并且根据我国现行社会保险关系唯一性的特点和《实施〈中华人民共和国社会保险法〉若干规定》第九条的规定，新的用人单位只需为该职工缴纳工伤保险费，用工成本降低了，但有风险。

《劳动法》第九十九条规定："用人单位招用尚未解除劳动合同的劳动者，对原用人单位造成经济损失的，该用人单位应当依法承担连带赔偿责任。"

《劳动合同法》第九十一条规定："用人单位招用与其他用人单位尚未解除或者终止劳动合同的劳动者，给其他用人单位造成损失的，应当承担连带赔偿责任。"

据此，如果用人单位确信招用同时与其他用人单位存在劳动关系的劳动者，不会对原用人单位造成损失时，可以招用该劳动者，但应当自用工之日起一个月内与其签订书面劳动合同（非全日制用工双方当事人可以订立口头协议），并在 30 日内为其缴纳工伤保险费，否则就会有支付双倍工资的风险，一旦发生工伤事故，单位还要承担支付该劳动者相应工伤保险待遇的费用。

另外，如果原用人单位未履行为该劳动者缴纳社会保险的义务，劳动者可以依法要求新单位履行该义务。这也是新单位要承担的风险。当该劳动者同时与其他用人单位建立劳动关系，对完成本单位的工作任务造成严重影响，或者经用人单位提出，拒不改正的，用人单位可以与其解除劳动合同。

在此建议用人单位慎重录用同时与其他单位存在劳动关系的劳动者，以降低用工风险。

14. 与即将毕业的大学生怎样订立合同？

答：《劳动部关于贯彻执行〈劳动法〉若干问题的意见》第 12 条指出，在校生利用业余时间勤工助学，不视为就业，未建立劳动关系，可以不签订劳动合同。据此有的地方认为大学生未毕业的，到单位劳动，不构成劳动关系；有的地方则认为，如果学校已经给单位就业推荐表了，大学生符合劳动者的主体资格了，劳动者到单位劳动，与单位构成劳动关系，单位不与劳动者签订书面劳动合同要从第二个月开始支付劳动者双倍工资。建议单位向当地工伤保险部门、仲裁院了解有无此类案件，对此类案件是如何处理的，如果认定单位与大学生构成劳动关系，单位必须与其签订书面劳动合同，为其缴纳社会保险金。如果不认可此劳动关系，建议签订三方协议，明确各方责任，特别要明确出现意外伤害时责任如何分担，单位尽量为劳动者购买意外伤害险，以降低用工风险。

案例：

郭某 2008 年 7 月毕业，2007 年 10 月（已满 18 周岁）向某公司表达了求职就业意愿，并进行了求职登记，登记表中记载其为 2008 届毕业生，2007 年是其实习时间，与某公司签订了劳动合同，明确了工作岗位、劳动报酬，后发生争议，某公司不服仲裁、一审认定双方劳动关系成立的裁决。

终审结果：双方劳动关系成立。

评析：实习是以学习为目的到有关单位参加社会实践但没有工资报酬的活动，不存在签订劳动合同、约定劳动报酬等情况。但本案中，郭某达到了法定的就业年龄，有与用人单位建立劳动关系的行为能力、责任能力，其入职时表达了其求职意愿，双方协商一致，签订了劳动合同，且明确了工作岗位、劳动报酬，该情形不应视为实习。双方签订的劳动合同合法有效。《劳动部关于贯彻执行〈劳动法〉若干问题的意见》不能推定出在校生不具备劳动关系的主体资格。因此双方劳动关系成立。

15. 用人单位如何与达到法定退休年龄的劳动者订立合同?

答: 要看劳动者达到法定退休年龄后享受基本养老保险待遇否。如果劳动者开始依法享受基本养老保险待遇了,则双方之间构成的是劳务关系,不受《劳动法》《劳动合同法》调整,双方可以依据《合同法》的有关规定签订劳务合同;如果劳动者没有享受基本养老保险待遇,则要看各地的情况,有的认为《劳动法》没有对劳动者的主体资格做出年龄上限的规定,只要劳动者还没有享受基本养老保险待遇,就是有主体资格的劳动者,双方之间构成的是劳动关系,需签订劳动合同,缴纳社会保险金;有的地方认为双方构成的是劳务关系,可以签订劳务合同;还有的则避开劳动关系与劳务关系,当劳动者发生工伤时,要求用人单位承担工伤保险的责任。用人单位招用此类人员时,要防范风险。如果当地用人单位还可以为该类劳动者缴纳社会保险金,则要签订书面劳动合同;如果当地用人单位不能为此类劳动者缴纳社会保险金,则可以签订劳务合同,明确双方的权利、义务,同时单位最好为该劳动者购买意外伤亡险,以降低用工风险。

16. 为什么单位先与劳动者订立书面劳动合同再安排劳动者上班比较好?

答: 劳动合同是劳动者与用人单位确立劳动关系、明确双方权利和义务的协议。先签订书面劳动合同,双方的权利、义务有据可查,免得一旦发生争议,空口无凭,特别是双方约定有试用期的,《劳动合同法》第十九条规定,试用期包含在劳动合同期限内,如果没有书面合同,试用期、合同期限、录用条件等难有据可查,很容易发生纠纷。最高人民法院劳动争议司法实践中认为,在双方未签订书面劳动合同而又无其他证据证明有试用期的情况下,应当认定不存在试用期。先签订合同,单位还可避免超过一个月未与劳动者签订书面劳动合同而支付双倍工资的风险,同时也可看出劳动者是否愿意受协议约束、安心在单位上班否（有的劳动者认为劳动合同是"卖身契"，一旦签订了劳动合同，自己就受约束，被捆绑在企业了，丧失了重新选择工作的机会）。如果劳动者上岗后不与单位签订书面劳动合同，单位还需要做书面通知其签订劳动合同、书面通知与其终止劳动关系等工作，比较麻烦。

因此建议单位先与劳动者签订书面劳动合同再安排劳动者上岗，不要因为个别劳动者工作几天就离职而嫌麻烦。

17. 劳动者拒绝与单位签订书面劳动合同，单位应该怎么办？

答：《劳动合同法实施条例》第五条规定：自用工之日起一个月内，经用人单位书面通知后，劳动者不与用人单位订立书面劳动合同的，用人单位应当书面通知劳动者终止劳动关系。用人单位一定要注意：书面通知劳动者签订合同，劳动者不签的，书面通知其终止劳动关系，否则将面临违法解除劳动合同支付双倍经济补偿金或未签书面劳动合同而支付双倍工资的风险。一定要注意2个"书面通知"，做好书面通知的送达工作，保留好证据，同时必须在一个月内完成此工作。

18. 为什么与劳动者签订了劳动合同，单位还要支付未签劳动合同的双倍工资差额？

答：《劳动合同法实施条例》第六条规定：用人单位自用工之日起超过一个月不满一年未与劳动者订立书面劳动合同的，应当依照《劳动合同法》第八十二条的规定向劳动者每月支付两倍的工资。实践中，发生一些劳动者道德碰瓷的案例。个别劳动者想方设法，采取各种手段，工作一段时间后向用人单位索要双倍工资差额。一是利用用人单位的管理漏洞，把单位留存的劳动合同偷走或藏起来，使单位无法举证；二是在劳动合同上签名时，故意与其他人互相代签，自己不签本人的名字；三是用褪色笔签名，过一定时间后有色字体消失，合同上无劳动者签名；四是故意不用自己常用的书写习惯签名，改变自己的书写习惯，从而否定是自己签名。一些用人单位疏于管理，防范不足，往往举证不能，从而要承担支付双倍工资差额的责任。

19. 劳动者骗取未签书面劳动合同的双倍工资，用人单位如何防范？

答：针对劳动者骗取未签书面劳动合同的双倍工资的情形，用人单位应从以下五个方面加以防范：一是先签订劳动合同再让劳动者上岗，防止劳动者故意不签订劳动合同；二是制定劳动合同签收表，注明劳资双方名称、合同期限等情况，让劳动者领取后当场签字确认并按手印，同时把签收表与劳动合同分开存放，妥善保管，以防丢失或被盗，必要时可办理公证或将劳动合同存放一份到当地劳动保障行政部门备案；三是在签订劳动合同时让劳动者当场亲自签名（最好不盖章，个人印章往往没有备案，不具有确定性），并且按手印（最好有2个以上手指的印，实践中出现了劳动者烧伤手指而毁指纹的案例）；四是用专用的签字笔让劳动者签名；五是要求劳动者写一定数量的字后再用相同的书写习惯签名。

20. 用人单位未与劳动者签订书面劳动合同，一定要支付劳动者双倍工资吗？

答：不一定。

《劳动合同法》第八十二条规定：用人单位自用工之日起超过一个月不满一年未与劳动者订立书面劳动合同的，应当向劳动者每月支付二倍的工资。该法及《劳动合同法实施条例》都未规定用人单位未与劳动者签订书面劳动合同不需支付双倍工资的情形，但实践中，有一些特殊情形，有的地方裁决，用人单位未与劳动者签订书面劳动合同，不需支付双倍工资差额。

如，上海市高级人民法院《关于适用〈劳动合同法〉若干问题的意见》（沪高法【2009】73 号）规定，劳动合同的订立和履行，应当遵循诚实信用原则。劳动者已实际为用人单位工作，用人单位超过一个月未与劳动者订立书面合同的，是否要支付劳动者双倍工资，应当考虑用人单位是否履行诚实磋商的义务以及是否存在劳动者拒绝签订等情况。当然，这种磋商应当是以订立书面劳动合同为目的的磋商。根据本市规定，如用人单位已尽到诚实义务，因不可抗力、意外情况或者劳动者拒绝签订等用人单位以外的原因，造成劳动合同未签订的，不属于有关法律法规所称的用人单位"未与劳动者订立书面劳动合同"的情况；因用人单位原因造成未订立书面劳动合同的，用人单位应当依法向劳动者支付双倍工资。但用人单位仍对劳动者拒绝签订劳动合同负有举证责任。

实践中还有这样的情况，劳资双方未正式签订书面劳动合同，但双方通过电子邮件进行沟通，对劳动合同内容达成了合意，应视为签订了书面劳动合同。《劳动合同法》没有列举书面劳动合同的形式，但合法的数据电文形式，法律未予否定，可以作为书面形式的一种。

人事经理未与单位签订书面劳动合同，单位一般也不需支付双倍工资。现有法律没有规定人事经理可以不签订书面劳动合同，人事经理同样应与单位签订劳动合同。人事经理的主要职责就是代表用人单位行使劳动人事管理，帮助用人单位履行劳动法律规定，避免因违法行为而使用人单位利益受损。作为人事经理，理应知道用人单位与劳动者不订立书面劳动合同将承担向劳动者支付双倍工资的法律责任，应履行用人单位赋予的与员工签订书面劳动合同的岗位职责。如果用人单位已明确要求人事部门与所有员工签订书面劳动合同，人事经理既未向公司经理提出存在身份冲突，由人事部门与自己直接签订书面劳动合同存在不妥，又不履行自己与用人单位签订书面劳动合同的职责，甚至故意损害用人单位利益，谋取利益，对该行为，从公平合理执行法律规定的原则出发，理应不予支持其双倍工资的请求。当然，单位也可以劳动者因为其本人原因给单位造成损失（支付双倍工资差额），依据有效的规章制度要求其赔偿该损失。

申请双倍工资差额劳动仲裁，超过时效期的不予支持。《劳动争议调解仲裁法》第二十七条规定，劳动争议申请仲裁的时效期间为 1 年。仲裁时效期间从当事人知道或者应当知道其权利被侵害之日起计算。劳动关系存续期间因拖欠劳动报酬发生争议的，劳动者申请仲裁不受本条第一款规定的仲裁时效期间的限制。双倍工资的劳动争议申请仲裁时效期间如何确定？上海市劳动争议仲裁委员会明确，支付未订立书面劳动合同期间的双倍工资属于用人单位违反法定义务所应当承担的法律责任，该请求不适用有关劳动报酬的特殊时效规定，而适用劳动争议申请仲裁的一般时效规定。也就是说，劳动者申请双倍工资差额的仲裁的时效期间为 1 年，超过 1 年时效期，就得不到法律保护了。广东省在粤两院关于审理劳动人事争议案件若干问题的座谈会纪要（2012）说明指出，劳动者请求用人单位支付未订立书面劳动合同二倍工资差额的仲裁时效，依照《劳动争议调解仲裁法》第二十七条第一款、第二款和第三款的规定确定。用人单位应支付的二倍工资差额，从劳动者主张权利之日起往前倒推一年，按月计算，对超过一年的二倍工资差额不予支持。

上海市高级人民法院关于劳动争议若干问题的解答（上海高级人民法院民一庭调研指导【2010】34 号）指出，对劳动者采取不当手段恶意请求支付双倍工资差额的，如确有证据证明，劳动者以获取不当利益为目的，通过找替身代签等手段，致用人单位未与其本人签订真实的书面劳动合同，上述行为既违反了《劳动合同法》第三条关于诚实信用的原则，也不符合《劳动合同法》第八十二条第一款关于支付双倍工资请求权成立的构成要件之一——须用人单位主观上未与劳动者签订书面劳动合同，故对其请求用人单位支付双倍工资差额的诉请应不予支持；对一些企业经理、人事主管等负责企业人力资源管理的高管，通过隐匿书面劳动合同等不良手段，使用人单位无法提供已签订过的书面劳动合同，企业高管以此为由主张双倍工资差额的，用人单位虽无法提供书面劳动合同的原件，但有其他证据证明双方已签订了书面劳动合同的，不属于《劳动合同法》第八十二条第一款关于用人单位未与劳动者订立书面劳动合同的情形，对其要求用人单位支付双倍工资差额的诉请不予支持。

21. 劳动合同上要盖骑缝章吗？

答：为防范风险，最好加盖骑缝章。《劳动合同法》第十六条规定，劳动合同由用人单位与劳动者协商一致，并经用人单位与劳动者在劳动合同文本上签字或者盖章生效，但没有对如何盖章做出详细规定，其他法律、法规也没有强制要求劳动合同上必须加盖骑缝章。因此，没有骑缝章，劳动合同也是有效的。但近几年出现了不少劳动者为索要未签书面劳动合同的双倍工资差额，而采取各种手段来否认书面劳动合同真实性的案例。实践中，一些用人单位与劳动者签订的劳动合同书页数多，但一般只有劳动合同书的首页及最后一页有签名或盖章，没有每页都签名或盖章。因此双方都可以对劳动合同书某页或某几页进行更换，从而变更劳动合同的部分内容。如果加盖骑缝章，合同整体展开可以将骑缝章还原成原章，就可以防止对方更换合同内容、防止对方否认合同内容，从而避免造成不必要的麻烦、争议和损失。因此用人单位最好加盖骑缝章，以防范风险。盖骑缝章时，章要尽量均匀盖压在两页可折叠纸的中缝上，骑住所有缝，盖完骑缝章后合同的每一页均应该有红印，并且第一页和最后一页最好同时有字，公章应完整、合一，而不仅仅是个红圈（仅是红圈容易作假），不应存在漏页的情况。合同展开应能将骑缝章还原成原章。这样骑缝章才比较规范，才能发挥其作用。

22. 劳动合同上为什么要让劳动者加按手印？

答：因为笔迹鉴定具有很强的主观性，有的模仿性很强，国内笔迹鉴定的准确率只有 70% 左右。所以一般法官在审理案件时会以鉴定结论为主要依据，但也会参考其他证据，而每个人的手印不同且不易改变，劳动合同书上加按手印（最好有 2 个以上手指的印，实践中出现了劳动者烧伤手指而毁指纹的案例）后便多了一个有力证据，所以签名后最好让劳动者再按几个手印。

23. 用人单位发生变更后，要重新签订劳动合同吗？

答：不一定。

《劳动合同法》第三十三条规定：用人单位变更名称、法定代表人、主要负责人或者投资人等事项，不影响劳动合同的履行。第三十四条规定：用人单位发生合并或者分立等情况，原劳动合同继续有效，劳动合同由承继其权利和义务的用人单位继续履行。《关于贯彻执行〈中华人民共和国劳动法〉若干问题的意见》指出，用人单位发生分立或合并后，分立或合并后的用人单位可依据其实际情况与原用人单位的劳动者遵循平等自愿、协商一致的原则变更、解除或重新签订劳动合同。在此种情况下的重新签订劳动合同视为原劳动合同的变更，用人单位变更劳动合同，劳动者不能依据劳动法第二十八条要求经济补偿。

24. 劳动合同期满出现法定续延情形时，要重新签订劳动合同吗？

答：不一定。出现劳动合同期限法定续延的情形，只是劳动合同期限在原来的基础上延长，是原合同的法定变更。如果重新签订劳动合同，增加了签订劳动合同的次数，就可能出现以后必须签订无固定期限劳动合同的情形，而有的用人单位担心与劳动者签订无固定期限劳动合同后难管理，所以不愿意签订无固定期限劳动合同。

25. 如何做好劳动合同的续签工作？

答：应注意做好以下工作：（1）做好劳动合同的计算机系统管理，及时提醒办理合同到期的工作，防止应签而未签劳动合同而支付双倍工资的风险，对不续签的，及时办理停保手续；（2）提前决定是否续签及续签条件。提前对每一份即将到期的劳动合同进行评估，以确定是否续签、以什么样的条件续签，明确哪些还可以签订固定期限劳动合同，哪些应签订无固定期限合同；（3）劳动者去留不定的，书面征求其续签意愿。征求意见时，一定要写明"单位愿意维持原劳动合同条件，与你续签劳动合同"，否则不能作为要约，劳动者在规定期限内不回复，不能视为劳动者不续签，单位也要支付经济补偿金，实践中发生了这样的案例。另外征求意见时必须要求劳动者在劳动合同到期前做出回复，否则视为劳动者不续签劳动合同。同时一定要注意确认劳动者收到此征求意见的表或函、确保是其真实回复，最好让劳动者当面签收、回复，以避免产生不必要的麻烦；（4）要预防出现前述（问题18）签订了劳动合同，单位还要支付未签劳动合同的双倍工资差额的情况。

另外要特别提醒的是，有的用人单位对劳动者不愿续签劳动合同的，在劳动合同期满前，让劳动者写辞职报告，该做法不好，有风险，实践中发生了用人单位以为劳动者自己辞职，不符合享受领取失业保险金的条件，从而未去办理领取失业金的相关手续，导致劳动者不能享受失业保险待遇，劳动者要求单位赔偿损失的案例。

26. 劳动合同中"自动顺延"的条款有效吗？

答：实践中，有的用人单位为省事，在劳动合同中约定：合同到期后，如双方均未以书面形式提出异议，则合同有效期自动顺延。这种约定是否有效，要看双方约定的具体内容和当地的具体规定。这样做，有风险，用人单位可能会被认为未与劳动者签订书面劳动合同而支付劳动者双倍工资。

《劳动合同法》第十二条规定，劳动合同分为固定期限劳动合同、无固定期限劳动合同和以完成一定工作任务为期限的劳动合同。自动顺延，这种期限不确定，超出了法律的规定，缺乏合法性；劳动合同中约定自动顺延条款，用人单位涉嫌规避连续签订两次固定期限劳动合同后与劳动者签订无固定期限劳动合同的法定义务；涉嫌免除用人单位在原合同到期后续订劳动合同的责任。依据《劳动合同法》第二十六条的规定，这样的劳动合同可能无效或者部分无效。

但有的地方规定此条款有效，如《江苏省劳动合同条例》第十七条规定，按照用人单位与劳动者的约定，劳动合同期满后自动续延的，视为双方连续订立劳动合同。用人单位与劳动者协商延长劳动合同期限，累计超过6个月的，视为双方连续订立劳动合同。

综上所述，建议用人单位在劳动合同后附续签劳动合同表，注明劳动合同到期后，双方愿意按照原合同条件续签合同，然后在表中签名、盖章，注明劳动合同期限、起止日期，符合必须签订无固定期限劳动合同而劳动者选择固定期限的，让劳动者注明是其本人提出签订固定期限劳动合同。

三、劳动合同的条款

劳动合同应当具备一些必备条款，用人单位和劳动者可以约定一些其他事项。约定这些条款时，要注意一些细节，以便双方遵守、履行，避免事后因约定不明而产生纠纷。

27. 劳动合同应当具备哪些条款？

答：《劳动合同法》第十七条规定：劳动合同应当具备以下条款：用人单位的名称、住所和法定代表人或者主要负责人；劳动者的姓名、住址和居民身份证或者其他有效身份证件号码；劳动合同期限；工作内容和工作地点；工作时间和休息休假；劳动报酬；社会保险；劳动保护、劳动条件和职业危害防护；法律、法规规定应当纳入劳动合同的其他事项。

劳动合同除前款规定的必备条款外，用人单位与劳动者可以约定试用期、培训、保守秘密、补充保险和福利待遇等其他事项。

实践中，不少用人单位哗众取宠，劳动合同书好几页，把《劳动合同法》中解除、终止劳动合同等条款原封不动地抄写在劳动合同中，却缺少了上述必备的一些条款，令人费解，希望下一步加以改进。

28. 劳动合同中，约定工作内容要注意哪些事项？

答：要注意把可能临时增加的工作内容罗列出来，并有兜底条款，以便保证单位有一定的用人自主权；另外，一旦劳动者上班过程中出现伤亡，有劳动合同约定的工作内容，就不必为是否因工作原因受伤而另外举证。

29. 劳动合同中，约定工作地点要注意哪些事项？

答：对一些工作地点不固定的岗位，要注意把各地点罗列出来

（如销售员岗位）；对一定时间后要轮换地点的（如保安岗位）要在合同中予以明确；对工作地点变动或可能变动给劳动者带来不便的，要有相应的措施减轻劳动者的负担（如发放交通补助、提供交通车），以减少劳动者以重大情势变更、导致劳动合同无法履行而辞职的现象发生，使单位尽量少支付经济补偿金（有的省规定，工作地点变更后，用人单位采取了相应补救措施、对劳动者上班影响不大的，劳动者以重大情势变更导致劳动合同无法履行而辞职，要求单位支付经济补偿金的不予支持）、保持人员的稳定。

30. 约定工作时间应注意哪些问题？

答： 应注意：保证劳动者每周至少休息 1 日（即有一次 24 小时不间断的休息）；约定好加班安排及认定条件；实行综合工时制、不定时工作制的，要经过劳动行政部门审批，否则约定的特殊工时制度条款无效。具体审批办法，可查看《关于企业实行不定时工作制和综合计算工时工作制的审批办法》（劳部发【1994】503 号）和当地的特殊工时制度行政许可办法（如《广西壮族自治区特殊工时制度行政许可办法》）。

示例：

广西企业申请实行特殊工时制度应当提交材料：
（1）《广西壮族自治区企业实行特殊工时制度申请表》；（2）盖有单位公章的企业法人营业执照副本复印件（外地驻桂机构需提供法人授权书）一份（验原件）；（3）申请说明书，说明申请实行特殊工时制度的理由、工作方式和休息休假安排以及企业基本情况（包括企业性质、职工人数、生产经营范围、生产经营方式等）；（4）企业工会对实行特殊工时制度的意见。没有成立工会组织的，提交企业职工代表大会讨论通过后的决议；涉及劳务派遣人员的，应得到劳务派遣组织的同意并提交其意见；（5）其他相关政策规定应当提交的证明材料。

31. 劳动合同期限有哪几种？

答： 有固定期限劳动合同、无固定期限劳动合同和以完成一定工作任务为期限的劳动合同等三种。

32. 怎样合理选择固定劳动合同期限？

答： 对新录用劳动者，在选择固定期限劳动合同时，须考虑劳动合同期限、试用期、须订立无固定期限劳动合同条件等三者之间的关系。固定期限第一次 3—9 年较好，因为一般用人单位完全了解一个劳动者需要 3 年左右的时间，订立 3 年以上期限的劳动合同，试用期可达到 6 个月，有助于用人单位对新进劳动者进行考察。如果新进员工的劳动合同期限直接约定为 10 年，那么该劳动合同到期后，就达到了"劳动者在该用人单位连续工作满 10 年"这一须签订无固定期限劳动合同的条件，而有的老员工与单位签订无固定期限劳动合同后，出现职业倦怠心理、不思进取、小错不断、大错不犯等问题，而单位的管理又跟不上，影响单位的团队建设，所以不愿意与劳动者签订无固定期限劳动合同。所以固定期限劳动合同第一次选择 3—9 年较好。但这不符合《劳动合同法》的立法精神，与欧洲国家以无固定期限合同为主的情况有差距，希望用人单位加强人力资源管理，在选人、培养人、激励人上下功夫，营造积极向上的氛围，拴心留人。

另外，《外国人在中国就业管理规定》第十八条规定，用人单位与被聘用的外国人订立劳动合同的期限最长不得超过五年。劳动合同期限届满即行终止，但按本规定第十九条的规定履行审批手续后可以续订。

33. 无固定期限劳动合同是铁饭碗吗？

答： 不是。《劳动合同法》第十四条规定，无固定期限劳动合同，

是指用人单位与劳动者约定无确定终止时间的劳动合同，但并不是长期的、永久性的劳动合同，只是一个无确定终止时间的劳动合同而已，并非终身合同和铁饭碗，符合《劳动合同法》第三十九、四十、四十一条等规定的相应情形的，用人单位同样可以依法与劳动者解除劳动合同而终止劳动关系。

34. 哪些情形，用人单位应当与劳动者签订无固定期限劳动合同？

答：《劳动合同法》第十四条规定，有下列情形之一，劳动者提出或者同意续订、订立劳动合同的，除劳动者提出订立固定期限劳动合同外，应当订立无固定期限劳动合同：（一）劳动者在该用人单位连续工作满十年的；（二）用人单位初次实行劳动合同制度或者国有企业改制重新订立劳动合同时，劳动者在该用人单位连续工作满十年且距法定退休年龄不足十年的；（三）连续订立二次固定期限劳动合同，且劳动者没有本法第三十九条和第四十条第一项、第二项规定的情形，续订劳动合同的。用人单位自用工之日起满一年不与劳动者订立书面劳动合同的，视为用人单位与劳动者已订立无固定期限劳动合同。

35. 休息休假的条款，有哪些内容需要明确？

答：需要明确以下内容：上班过程中的休息时段；1 小时哺乳时间如何安排；产检时间规定；给予婚假的条件（登记结婚多久内申请、给予几天、路途时间多久等）；丧假的条件（死亡亲属范围、给予几天、路途时间多久、需要哪些申请材料等）；护理假（陪护假）的条件（什么时间段内申请、可否分次休、需要的申请材料等）；产假（增加产假后可提前多久申请、增加的产假可否留到产假后休）；病假（申请条件、需要的材料、病假期间工资等）；年休假如何安排；事假的条件（事假期间社保如何缴纳）。

36. 劳动报酬条款要注意哪些问题？

答：用人单位要根据自己的生产经营状况，科学、合理地选择和确定符合本单位特点的劳动报酬计算方式，真正发挥劳动报酬对劳动生产率的促进作用，要注意以下问题：注意薪酬结构设置，区分工资与福利，考虑劳动者税负、经济补偿金计算等问题；有加班的，约定好加班工资计算基数；特殊情况下工资支付标准，如病假期工资标准、由于单位原因停工、停产期间工资标准等；计件工资标准要公示；年终奖等奖金的计发条件、标准等；约定好从工资中扣除的款项、劳动者给单位造成损失的如何从工资中扣款（注意遵守《工资支付暂行规定》第十六条的规定：经济损失的赔偿，可从劳动者本人的工资中扣除。但每月扣除的部分不得超过劳动者当月工资的 20%。若扣除后的剩余工资部分低于当地月最低工资标准，则按最低工资标准支付）；外部公平，即本单位薪酬与市场薪酬行情相当岗位之间薪酬安排要合理；内部公平，即岗位薪酬与岗位价值之比要大致相等。

37. 约定不缴纳社保或劳动者自己缴纳社保可以吗？

答：不可以。为劳动者缴纳社会保险金，是用人单位的法定义务，《劳动合同法》第二十六条规定，用人单位免除自己的法定责任、排除劳动者权利的，劳动合同无效或者部分无效。因此，即使签订了此条款，劳动者一旦生病、出现工伤事故，仍可以要求用人单位按照医疗保险、工伤保险的相应标准支付相应待遇的费用；解除或终止劳动合同后符合领取失业金条件的，劳动者还可以依据当地规定要求赔偿失业保险待遇，如《广西失业保险办法》第三十六条规定：单位不按规定参加失业保险和缴纳失业保险费，致使职工失业后不能享受失业保险待遇或影响其重新就业的，应当承担赔偿损失责任。赔偿标准为失业人员应当领取失业保险金或者一次性生活补助的 2倍。劳动者以单位未为其缴纳社会保险金为由辞职时，单位还要按规定支付其经济补偿金（有的地方认为劳动者承诺放弃缴纳社保，又以单位未缴纳社保为由辞职，要求单位支付经济补偿金，违反了诚实信用原则，不支持劳动者该诉求）。

38. 试用期期限有哪些规定？

答：《劳动合同法》第十九条规定：劳动合同期限 3 个月以上不满 1 年的，试用期不得超过 1 个月；劳动合同期限 1 年以上不满 3 年的，试用期不得超过 2 个月；3 年以上固定期限和无固定期限的劳动合同，试用期不得超过 6 个月；同一用人单位与同一劳动者只能约定一次试用期；以完成一定工作任务为期限的劳动合同或者劳动合同期限不满 3 个月的，不得约定试用期；试用期包含在劳动合同期限内；劳动合同仅约定试用期的，试用期不成立，该期限为劳动合同期限。

39. 违法约定试用期有什么后果？

答：《劳动合同法》第八十三条规定：用人单位违反本法规定与劳动者约定试用期的，由劳动行政部门责令改正；违法约定的试用期已经履行的，由用人单位以劳动者试用期满月工资为标准，按已经履行的超过法定试用期的期间向劳动者支付赔偿金。

例：

李某与某公司签订了 2 年期的固定期限（2013 年 1 月 20 日到 2015 年 1 月 19 日）劳动合同，约定试用期 3 个月，试用期工资 1500 元 / 月，试用期满后 1800 元 / 月（当地最低工资标准 1200 元 / 月）。2013 年 5 月 3 日，李某投诉，认为单位与其签订的劳动合同期限为 2 年，而约定的试用期为 3 个月，违反了《劳动合同法》第十九条试用期不得超过 2 个月的规定，要求公司按照《劳动合同法》第八十三条的规定，支付其赔偿金 1800 元（试用期满月工资 1800

元／月），其诉求得到了支持。

40. 能延长劳动者试用期吗?

答：一般情况下，单位不能延长劳动者的试用期，因为《劳动合同法》对试用期期限、次数做出了规定，如果延长试用期，会涉嫌约定二次试用期（有的地方仲裁、法院认为，劳动者和用人单位在原约定的试用期满之前，协商一致延长试用期，且延长后期限不超过劳动合同法规定的期限的，该变更合法有效）、有的试用期可能超过规定的期限。但试用期是用人单位与新招用的劳动者在劳动合同中约定的相互考察了解的时间。试用，必须"用"才能试。如果劳动者不提供正常劳动，用人单位不用工，就无法考察劳动者的技术水平、业务能力，试用就成为一纸空文。一般试用期中有周末，有的还会有法定节日，这是双方都可以预见的，但劳动者生病或家里有事请假，双方一般不会预料到，有的甚至遇到车祸、洪灾等一些无法预见的情况，这些情况导致单位无法用工，考察时间大打折扣，双方没有充足的时间相互考察，不能充分达到试用期的目的。因此，单位应考虑周全，在法律规定的范围内合理约定试用期。

目前有的地方法规对试用期是否可以中止做出了规定，如《江苏省劳动合同条例》第十五条规定，劳动者在试用期内患病或者非因工负伤须停工治疗的，在规定的医疗期内，试用期中止。这实际上是延长试用期。有的地方法规没有对此做出规定，依据"法无禁止即可为"的原则，双方可以在劳动合同中约定，特殊情况下劳动者不能上班的，试用期中止，从而使劳动者得到充分的"试""用"，有助于双方互相理解，从而保持劳动关系的长期稳定。

41. 法律对劳动者试用期工资有什么要求?

答：《劳动合同法实施条例》第十五条规定：劳动者在试用期

的工资不得低于本单位相同岗位最低档工资的 80% 或者不得低于劳动合同约定工资的 80%，并不得低于用人单位所在地的最低工资标准。

42. 约定试用期录用条件应注意哪些问题？

答：一些用人单位经过重重筛选，录用了当时觉得满意的员工，但员工真正工作后，却发现其工作能力、态度、工作成果等都与录用标准大相径庭，这时如果以《劳动合同法》第三十九条"不符合录用条件"为由辞退员工，却发现招聘时要么没有约定录用条件，要么约定的录用条件过于笼统宽泛而不具可衡量性。如果贸然与其解除劳动合同，就可能要支付经济赔偿金，且员工还可以不要经济补偿金而要求恢复劳动关系，如果勉强留用该员工，就会给单位以后的管理带来负面影响。因此，合理约定试用期录用条件和公平公正的考核至关重要。

首先，录用条件要明确化、具体化、具有可衡量性，用语应准确，不能模糊不清，更不能有歧义，并不得违反《劳动法》《女职工劳动保护特别规定》《就业促进法》《未成年工特殊保护规定》等法律、法规的相关规定。如，基本素质内容可以设置为：试用期内取得某职业技能等级证书等；考核内容设置为：不得有违反单位的规章制度或操作规程的行为；试用期内迟到、早退、旷工、缺勤不得超过 × 次（天）；试用期满考核不得低于一定的分数或等级；试用期内能够完成约定的工作指标或能够良好地履行岗位职责。

其次，录用条件要事先向员工公示。可采用以劳动合同附件、在入职登记表中列明、专门的录用条件告知书、确认书等方式，一定要注意保留员工签收的证据。

再次，建立完善试用期考核机制。试用期考核应公平、公正和公开。考核标准应统一，以免损害考核结果的公信度，同时要注意选配办事公道正派的考核人员，考核的项目要明确、具体、可量化，尽量避免考核结果主观化，以保证考核的客观性。建议单位把考核组织、内容、方式及程序让员工充分知晓。

最后，用人单位以不符合录用条件为由解除劳动合同的，必须在试用期内提出，建议用人单位在试用期满前 3 天完成全部考核工作。

43. 如何与劳动者约定竞业限制条款？

答：第一，竞业限制的人员仅限于用人单位的高级管理人员、高级技术人员和其他负有保密义务的人员；第二，要明确竞业限制的范围、地域，期限不能超过 2 年；第三，须约定在解除或终止劳动合同后，在竞业限制期限内，单位按月给予劳动者经济补偿，劳动者违反竞业限制约定的，应按约定向单位支付违约金；第四，权利、义务要基本对等，经济补偿的标准要合理，否则可能无效。有的地区对此有规定。如，《深圳经济特区企业技术秘密保护条例》（2009年修正）第二十四条规定，竞业限制协议约定的补偿费，按月计算不得少于该员工离开企业前最后 12 个月月平均工资的 1/2。约定补偿费少于上述标准或者没有约定补偿费的，补偿费按照该员工离开企业前最后 12 个月月平均工资的 1/2 计算；上海高院关于适用《劳动合同法》若干问题的意见（沪高法【2009】73 号）第十三条规定，劳动合同当事人仅约定劳动者应当履行竞业限制义务，但未约定是否向劳动者支付补偿金，或者虽约定向劳动者支付补偿金但未明确约定具体支付标准的，基于当事人就竞业限制有一致的意思表示，可以认为竞业限制条款对双方仍有约束力。补偿金数额不明的，双方可以继续就补偿金的标准进行协商；协商不能达成一致的，用人单位应当按照劳动者此前正常工资的 20% ~ 50% 支付。协商不能达成一致的，限制期最长不得超过两年；《浙江省技术秘密保护办法》（2008 年修正）第十五条规定，竞业限制补偿费的标准由权利人与相关人员协商确定。没有确定的，年度补偿费按合同终止前最后一个年度该相关人员从权利人处所获得报酬总额的 2/3 计算；《江苏省劳动合同条例》第二十八条规定，用人单位与负有保守商业秘密义务的劳动者，可以在劳动合同或者保密协议中约定竞业限制条款，并应当同时约定在解除或者终止劳动合同后，给予劳动者经济补偿。其中，年经济补偿额不得低于该劳动者离开用人单位前 12 个月从该用人单位获得的报酬总额的 1/3。用人单位未按照约定给予劳动者经济补偿的，约定的竞业限制条款对劳动者不具有约束力。

《最高人民法院关于审理劳动争议案件适用法律若干问题的解释（四）》第六条也规定，当事人在劳动合同或者保密协议中约定了竞业限制，但未约定解除或者终止劳动合同后给予劳动者经济补偿，劳动者履行了竞业限制义务，要求用人单位按照劳动者在劳动合同解除或者终止前 12 个月平均工资的 30% 按月支付经济补偿的，人民法院应予支持；最后，约定不得违反法律、法规的规定。

四、劳动合同的履行

用人单位与劳动者签订书面劳动合同后，要妥善保管好这些合同，自觉履行劳动合同约定的义务，同时及时与劳动者情理法交融，协商处理好履行劳动合同过程中出现的问题，构建和谐劳动关系。下面就履行劳动合同中用人单位遇到得比较多的一些问题如何解决，结合案例，谈谈我个人的一些看法。

44. 劳动者试用期内非因工受伤，医疗期满后，用人单位可否不予录用？

案情：

某单位与一员工签订了 5 年期劳动合同，试用期 6 个月，可在试用期内，该员工出了第三方责任的非工伤车祸（下班后和朋友去喝酒，发生交通事故，该员工负全责），医疗期（3 个月）满之后仍没有恢复，说话能力有障碍，走路也有障碍，单位可以以其试用期内不符合录用条件（录用条件中没身体健康的要求）为由，与其解除劳动合同吗？

答：可以。理由如下：

《劳动合同法》第二十一条规定：在试用期中"劳动者患病或者非因工负伤，在规定的医疗期满后不能从事原工作，也不能从事由用人单位另行安排的工作的；"，用人单位可以与其解除劳动合同。

另外，虽然双方的劳动合同中对身体健康没有做出要求，但试用期内用人单位主要考察劳动者是否适应生产岗位和所从事的工种，根据常理，非因工受伤，医疗期满后说话能力有障碍，走路也有障碍，不能上班，当然可以认定为不能胜任工作，不符合录用条件。

综上所述，该单位可以以劳动者试用期内不符合录用条件为由，与其解除劳动合同（注意：医疗期未满时不能解除合同）。

45. 哪些费用属于专项培训费用?

答:《劳动合同法实施条例》第十六条规定:专项培训费用包括用人单位为了对劳动者进行专业技术培训而支付的有凭证的培训费用、培训期间的差旅费用以及因培训产生的用于该劳动者的其他直接费用。据此规定,上岗前关于安全生产、操作流程等的培训不在此列,没有凭证的培训费用不在此列。劳动者培训期间所得工资、单位为其缴纳的社会保险费是否是因培训产生的用于该劳动者的其他直接费用,目前法律没有明确规定。一般认为,工资和社会保险费是基于法律规定和劳动合同的约定而产生的,而不是基于培训产生的,但如果其培训期间的工资中有培训补贴这一项,那么这培训补贴就属于因培训产生的用于该劳动者的其他直接费用,应计算在专项培训费用中。

46. 劳动者违反服务期约定,违约金如何计算?

答:首先,要看劳动者是否要支付违约金。并不是劳动者辞职违反了服务期的约定就要向单位支付违约金。如果劳动者辞职是因为用人单位有未按劳动合同约定提供劳动保护或劳动条件、未及时足额支付劳动报酬、未依法为劳动者缴纳社会保险费、制定的规章制度违反法律法规的规定,损害劳动者权益、因《劳动合同法》第26条第一款规定的情形致使劳动合同无效,法律、行政法规规定劳动者可以解除劳动合同的其他情形;用人单位以暴力、威胁或者非法限制人身自由的手段强迫劳动者劳动,或违章指挥、强令冒险作业危及劳动者人身安全等情形,就不属于违反服务期的约定,用人单位不得要求劳动者支付违约金。另外《劳动部办公厅关于试用期内解除劳动合同处理依据问题的复函》(劳办发【1995】264号)指出,用人单位出资(指有支付货币凭证的情况)对职工进行各类技术培训,职工提出与单位解除劳动关系的,如果在试用期内,则用人单位不得要求劳动者支付该培训费用。

其次,要明确用人单位只有为劳动者提供专项培训费用,对其进行专业培训的，才可以与劳动者约定服务期和违约金。专项培训费用包括哪些，见上述 45 解答。

第三，劳动者违反服务期约定的，应当按劳动合同中的约定向用人单位支付违约金，并且违约金的数额不得超过用人单位提供的培训费用，不得超过服务期尚未履行部分所应分摊的培训费用。例如，某单位对劳动者按提供了专项培训费用共 3 万元，约定服务期 3 年，则每年分摊的培训费用为 1 万元，如果劳动者 2 年后辞职，那么其赔偿的专项培训费用不得超过未履行的 1 年服务期应分摊的 1 万元。当然，如果劳动合同约定了培训费用的分摊方法，则按合同中的约定分摊。

47. 用人单位可以请求解除竞业限制协议吗？

答：可以。

《最高人民法院关于审理劳动争议案件适用法律若干问题的解释（四）》第九条规定，在竞业限制期限内，用人单位请求解除竞业限制协议的，人民法院应予支持。在解除竞业限制协议时，劳动者请求用人单位额外支付劳动者三个月的竞业限制经济补偿的，人民法院应予支持。

48. 劳动者可以请求解除竞业限制协议吗？

答：可以。《最高人民法院关于审理劳动争议案件适用法律若干问题的解释（四）》第八条规定，当事人在劳动合同或者保密协议中约定了竞业限制和经济补偿，劳动合同解除或者终止后，因用人单位的原因导致 3 个月未支付经济补偿，劳动者请求解除竞业限制约定的，人民法院应予支持。

49. 劳动者支付违约金后就可以不履行竞业限制协议了吗?

答:不可以。

《最高人民法院关于审理劳动争议案件适用法律若干问题的解释(四)》第十条规定:劳动者违反竞业限制约定,向用人单位支付违约金后,用人单位要求劳动者按照约定继续履行竞业限制义务的,人民法院应予支持。

50. 如何预防违法解除劳动合同的风险?

答:一是严格按照法律法规进行,如提前 30 天、书面通知、将单位单方解除劳动合同的理由通知工会等[《最高人民法院关于审理劳动争议案件适用法律若干问题的解释(四)》第十二条规定,建立了工会组织的用人单位解除劳动合同符合劳动合同法第三十九条、第四十条规定,但未按照《劳动合同法》第四十三条规定事先通知工会,劳动者以用人单位违法解除劳动合同为由请求用人单位支付赔偿金的,人民法院应予支持,但起诉前用人单位已经补正有关程序的除外];二是要有理有据,解除劳动合同的法律依据要充分、规章制度要合法有效;三是解除劳动合同的依据有事实佐证且证据确凿;四是要排除不能解除劳动合同的情形,如医疗期未满、工伤治疗期间、女职工处于"三期"、工会专职主席、副主席或者委员任职期未满等。

51. 劳动者不辞而别,用人单位该怎么办?

答:实践中,有的劳动者不辞而别,用人单位以其旷工与其解除劳动合同,结果被认为是违法解除劳动合同而支付了双倍经济补偿金。为此,用人单位要做好防范。首先要通过电话、短信、信函(在封面注明"催告××回单位上班的函",并在邮局或快递公司在封面粘贴投递凭据后拍照，以免劳动者说未收到相应内容的信函）等形式催告劳动者来上班、告知不辞而别的法律后果和责任；了解其不来上班的原因，排除不可抗力原因。有的劳动者不辞而别可能是遇到了不可抗力，如重病、车祸、手机故障等，因此单位最好让劳动者入职时留下委托人（紧急联系人）的电话、微信、QQ 号等，以便遇到紧急情况时联系畅通，减少不必要的麻烦或损失；二是规范规章制度（见问题 1）或在劳动合同中约定劳动者不辞而别的为严重违反规章制度，做到在处理员工不辞而别事宜时有据可依。规定旷工多少天为严重违反单位的规章制度的，计算旷工的天数应当是工作日，统计旷工天数时应扣除休息日和法定节假日，并做好考勤登记，最好让劳动者每天签到或签名核对考勤，并保留好记录。有的单位考勤记录仅是用指纹考勤机导出来的 Excel 表格，并无员工签字确认，不能作为证明员工旷工的一个独立证据；三是如了解到劳动者已在其他单位上班，可告知该单位：××与我单位尚未解除劳动合同，贵单位招用该员工，对我单位造成经济损失，贵单位将要承担连带赔偿责任，且一旦发生疾病、工伤等情况，贵单位要承担支付其医疗保险待遇、工伤保险待遇的责任，请贵单位在其办理解除劳动合同手续后再录用；四是按程序依法解除劳动合同，向员工送达解除劳动关系的通知书，办理社保减员手续；五是请求劳动者赔偿损失。如果员工不辞而别给单位造成了损失，单位可依据《违反〈劳动法〉有关劳动合同规定的赔偿办法》，收集相关证据，要求劳动者赔偿。

案例：

杨某 2006 年 9 月到某大学工作，双方一直未签订书面劳动合同，其 2016 年月平均工资为 2200 元，2017 年 1 月 10 日离职，但未办理相关离职手续。2017 年 1 月 20 日杨某申请劳动仲裁，请求：1. 确认自己与某大学 2006 年 9 月至 2017 年 1 月 10 日期间存在劳动关系；2. 裁决某大学支付自己解除劳动关系经济补偿金 11 个月 24200 元。

杨某提交了 3 份证人出具的《证明》（证人未出庭作证），证明学校总务处李科长口头通知其不要上班了，是学校与其解除了劳动关系，所以就不去上班了。学校辩称：杨某没有去上班是其自身的原因，学校还未做出与其解除劳动关系的行为，仍通知其上班，双方劳动关系没有解除。学校未提交证据材料，仅有证人李某（学校总务处李科长）出庭作证，证明没有向杨某说过不要其上班了。

裁决结果：

杨某不愿继续在学校工作，调解未果，仲裁委认定 2017 年 1 月 10 日杨某以实际行为单方面解除与学校的劳动关系。因其劳动关系解除情形不符合《劳动合同法》第四十六条应支付经济补偿金的规定，对其经济补偿金请求不予支持。

评析：

《最高人民法院关于民事诉讼证据的若干规定》第六条规定：在劳动争议案件中，因用人单位作出开除、除名、辞退、解除劳动合同、减少劳动报酬、计算劳动者工作年限等决定而发生劳动争议的，由用人单位负举证责任，其规定应当是由用人单位对解除劳动关系的合理、合法性承担举证责任，但并不包括是否作出解除劳动关系的决定行为本身。杨某因自身原因没有来单位上班，校方也尚未对其没去上班的行为做出处理，也没有解除杨某与学校的劳动关系。因此，学校不应承担举证责任。依照《劳动争议调解仲裁法》第六条"发生劳动争议，当事人对自己提出的主张，有责任提供证据"和《贵州省高级人民法院 贵州省人力资源和社会保障厅关于印发〈关于劳动争议案件若干问题的会议纪要〉的通知》（黔高法〔2012〕136 号）第四十一条"当事人因劳动合同的订立与解除发生争议的，举证责任分配如下：……（2）当事人主张已解除劳动合同或存在解除事实劳动关系事实的，应就该主张承担举证责任"的规定，杨某应当承担举证责任。杨某提交的《证明》因证人未出庭作证，不符合证据形式的要求，不应采信。所以，杨某未能提供证据证明学校口头与其解除劳动关系的事实，应当依法承担举证不能的不利后果。而杨某于 2017 年 1 月 10 日后没有继续上班，没有提供劳动。因此，认定 2017 年 1 月 10 日杨某以实际行为单方解除与学校的劳动关系。

52. 用人单位不能依据《劳动合同法》第四十、四十一条的规定解除劳动合同的情形有哪些?

答:《劳动合同法》第四十二条规定劳动者有下列情形之一的,用人单位不得依照本法第四十条、第四十一条的规定解除劳动合同:从事接触职业病危害作业的劳动者未进行离岗前职业健康检查,或者疑似职业病病人在诊断或者医学观察期间的;在本单位患职业病或者因工负伤并被确认丧失或者部分丧失劳动能力的;患病或者非因工负伤,在规定的医疗期内的;女职工在孕期、产期、哺乳期的;在本单位连续工作满 15 年,且距法定退休年龄不足 5 年的;法律、行政法规规定的其他情形。

53. 哪些情形劳动合同期满时要续延至相应情形消失时终止?

答:《劳动合同法》第四十二条规定的下列情形,劳动合同期满时要续延至相应情形消失时终止:从事接触职业病危害作业的劳动者未进行离岗前职业健康检查,或者疑似职业病病人在诊断或者医学观察期间的;在本单位患职业病或者因工负伤并被确认丧失或者部分丧失劳动能力的;患病或者非因工负伤,在规定的医疗期内的;女职工在孕期、产期、哺乳期的;在本单位连续工作满 15 年,且距法定退休年龄不足 5 年的;法律、行政法规规定的其他情形。

《工会法》第十八条规定,基层工会专职主席、副主席或者委员自任职之日起,其劳动合同期限自动延长,延长期限相当于其任职期间;非专职主席、副主席或者委员自任职之日起,其尚未履行的劳动合同期限短于任期的,劳动合同期限自动延长至任期期满。但是,任职期间个人严重过失或者达到法定退休年龄的除外。

54. 用人单位应当如何履行解除或终止劳动合同的手续？

答：《劳动合同法》第五十条规定，用人单位应当在解除或者终止劳动合同时出具解除或者终止劳动合同的证明，并在 15 日内为劳动者办理档案和社会保险关系转移手续。用人单位依照本法有关规定应当向劳动者支付经济补偿的，在办结工作交接时支付。用人单位对已经解除或者终止的劳动合同的文本，至少保存 2 年备查。

《社会保险法》第五十条规定，用人单位应当及时为失业人员出具终止或者解除劳动关系的证明，并将失业人员的名单自终止或者解除劳动关系之日起 15 日内告知社会保险经办机构。

《失业保险条例》第十六条规定，城镇企业事业单位应当及时为失业人员出具终止或者解除劳动关系的证明，告知其按照规定享受失业保险待遇的权利，并将失业人员的名单自终止或者解除劳动关系之日起 7 日内报社会保险经办机构备案。

《失业保险金申领发放办法》第五条规定，失业人员失业前所在单位，应将失业人员的名单自终止或者解除劳动合同之日起 7 日内报受理其失业保险业务的经办机构备案，并按要求提供终止或解除劳动合同证明、参加失业保险及缴费情况证明等有关材料。

地方规定：《广西失业保险办法》第十三条规定，单位还应当在与职工（含农民合同工）终止或者解除劳动关系之日起 7 日内履行一项职责：书面告知失业人员到受理其就业服务与失业保险业务的经办机构办理求职登记、失业登记、申办失业保险待遇。

55. 解除、终止劳动合同证明如何写？

答：《劳动合同法实施条例》第二十四条规定，用人单位出具的解除、终止劳动合同的证明，应当写明劳动合同期限、解除或者终止劳动合同的日期、工作岗位、在本单位的工作年限。

56. 用人单位不出具解除、终止劳动合同的证明，有什么后果？

答：《劳动合同法》第八十九条规定，用人单位违反本法规定未向劳动者出具解除或者终止劳动合同的书面证明，由劳动行政部门责令改正；给劳动者造成损害的，应当承担赔偿责任。

57. 员工患精神病，用人单位该如何处理？

答：首先要看其订立劳动合同时有无欺诈行为。如果在签订劳动合同前，用人单位已询问员工是否患过精神病，而该员工没有如实回答（需证据确凿），导致双方签订了劳动合同，且有证据证明该员工是精神病复发，则用人单位可以劳动者采用欺诈手段订立劳动合同为由，主张合同无效，从而免除用人单位劳动法律、法规、规章方面的责任；其次在无欺诈的情况下，需分试用期内和试用期满后两种情况：

在试用期内，如果用人单位在试用期内发现劳动者患有精神病，根据原劳动和社会保障部办公厅《关于患有精神病的合同制工人医疗期问题的复函》（1992年1月7日）"企业招用的合同制工人在试用期内发现患有精神病不符合录用条件的，按合同规定可以终止或解除劳动合同。"的规定，如果劳动合同中约定的不符合录用条件的情形有"劳动者患精神病的"，则用人单位可以据此与其解除劳动合同，且不需支付经济补偿金。如果劳动合同对此没有约定，则用人单位不能据此单方解除劳动合同，但有其他事实证明其不符合其他录用条件时，可以在其医疗期满后单方解除劳动合同。当然出现此情况，单位可以与其协商解除劳动合同，支付其经济补偿金。试用期满后，用人单位发现劳动者患有精神病的，可参照上述《关于患有精神病的合同制工人医疗期问题的复函》：在试用期满履行劳动合同期间，经劳动鉴定委员会确定患有精神病的，可按《国营企业实行劳动合同制暂行规定》有关合同制工人在企业工作期间患病的有关规定《劳动合同法》《关于精神病患者可否解除劳动合同的复函》的规定办理，即按其在单位工作时间的长短，给予3个月至1年的医疗期。在本单位工作20年以上的，医疗期可以适当延长。在医疗期内，其医疗待遇和病假工资与所在企业原固定工人同等对待。医疗期满后不能从事原工作的，可以解除劳动合同，但要支付相应的经济补偿金。精神病患者在规定的医疗期内已治愈或病情很轻并得到稳定控制，经鉴定具有劳动能力的，用人单位应适当安排其工作，不得因病解除劳动合同。对精神病患者医疗期满能够从事工作的，用人单位应安排其力所能及的工作。

在此提醒用人单位，在签订劳动合同前宜不妨询问劳动者是否有精神病史，然后记录好，让劳动者承诺以上询问记录属实，以预防纠纷。

58. 签订了离职协议支付了赔偿金，单位为什么还要赔偿？

答：司法实践中经常遇到公司的人力资源管理负责人向法院喊冤，员工离职时与其签订了补偿协议，钱也按协议给了，为什么他们还可以来告公司？

这主要要看解除协议的效力及其所解决的争议事项涵盖的范围。《最高人民法院关于审理劳动争议案件适用法律若干问题的解释（三）》第十条规定，劳动者与用人单位就解除或者终止劳动合同办理相关手续、支付工资报酬、加班费、经济补偿或者赔偿金等达成的协议，不违反法律、行政法规的强制性规定，且不存在欺诈、胁迫或者乘人之危情形的，应当认定有效。前款协议存在重大误解或者显失公平情形，当事人请求撤销的，人民法院应予支持。据此规定，用人单位与劳动者签订的解除协议只要是双方真实意思表示，原则上对双方有法律拘束力，但要注意：（1）解除协议要一揽子解决所有争议。比如，有的约定"双方就在职期间的工资、经济补偿金达成如下协议：……"仅就经济补偿、工资问题达成协议，没有提到二倍工资及其他赔偿问题，所以劳动者又可以就其他赔偿提出仲裁、诉讼；（2）解除协议中要有放弃有关权利的条款。解除协议中没有弃权条款，容易再起纠纷。协议中最好约定"双方所有基于劳动关系存在期间的权利义务全部清结，任何一方不得再追究对方的任何责任"，这样即使还存在其他纠纷没有解决，也表明双方都放弃了权利。最好不要约定"用人单位一次性补偿劳动者工资、未休年休假工资、经济补偿金等××元，任何一方不得再就双方之间的争议提起任何仲裁或诉讼"，因为这种约定对方放弃的是诉权，诉权属公法权利，任何公民都有检举、申诉、控告的权利，而这些公法权利不得被放弃，这样的约定会被认定无效。协议只能约定放弃实体法规定的私权。程序法上规定的权利不能被放弃，比如，双方约定双方发生纠纷不得提交某份证据，这种约定无效。协议也不要约定"双方无任何劳动争议"，因为这并不足以构成一个弃权条款；（3）解除协议不能显失公平。一些协议签订后，劳动者反悔，认为用人单位给的赔偿金额太少，要求按照法定标准补足。这时法院就要看协议是否显失公平，如果显失公平，协议就会被撤销或变更；（4）要签订双方协议，不能仅在离职交接单上让劳动者单方承诺。如，有的在离职结算单上让劳动者签名确认"此结算是最后及全面的，包括应有薪金及应收款项，并确认再无其他相关项目向公司追讨"。对于这种声明，司法实践中有的认为这是劳动者单方作出的弃权条款，即使用人单位没有支付或没有足额支付某些款项，也视为劳动者放弃了权利；有的则认为，这是用人单位制定的格式条款，排除了劳动者的主要权利，免除了用人单位的责任而无效；有的认为这是用人单位已足额支付相关款项的初步证据，如果劳动者有证据推翻，可以支持劳动者要求补足差额的请求。

协议示例：

劳动纠纷和解协议书

甲方（劳动者）：

乙方（用人单位）：

甲方与乙方劳动合同履行期间发生争议，甲方要求乙方按照《劳动法》《劳动合同法》等法律的规定履行劳动关系方面的义务，现经双方充分协商，自愿达成以下和解协议：

一、乙方于 × 年 × 月 × 日前一次性支付甲方人民币共计 仟佰 圆正（￥ ），双方劳动关系方面的权利、义务全部结清。

二、乙方支付甲方现金后，案结事了。

本协议经甲乙双方签字后生效。

甲方： 乙方：

代表人：

日期： 日期：

59. 协商解除劳动合同后，劳动者反悔，要求恢复劳动关系，为什么法院支持了其诉求？

案情：

某公司与张某（电焊工）协商解除劳动合同，签订协议前，张某要求体检，单位说签订协议后再体检。协议签订后第二天张某反悔，向有关部门举报，公司安排了其体检，结果为职业病致残程度柒级，张某遂要求恢复劳动关系。

答：二审法院支持了其诉求（终审判决）。理由是：虽然《劳动合同法》第四十二条第一款的规定没有排除用人单位与劳动者协商一致解除劳动合同的情形，但根据《职业病防治法》第三十六条的规定，用人单位安排从事接触职业病危害作业的劳动者进行离岗前健康检查是其法定义务，该义务并不因劳动者与单位协商一致解除劳动合同而免除。协议中并未明确张某已经知晓并放弃了离岗前健康检查的权利，且张某事后通过有关部门要求公司对其进行健康检查，公司解除合同前应当安排对其进行健康检查。公司未对其进行健康检查，与其解除合同，与《职业病防治法》第三十六条的规定相悖，侵害了劳动者的合法权益，双方解除合同的协议无效。

60. 公司司机开车致人死亡，公司如何处理？

案情：

某公司司机李某驾驶公司车辆执行公务，不慎撞死路人，交警认定其对此事故负全责。除保险公司赔付外，公司垫付了 30 多万元医药费。现李某无驾驶证（被扣），公司也无其他岗位安排其工作，在家待业。

问题：

1. 公司如何与该司机解除劳动合同？

2. 公司如何缴纳李某待岗期间的社会保险金及发放其生活费？

3. 公司能否向司机追索垫付的 30 多万元医药费？

答：《劳动合同法》第三十九条规定，劳动者有严重违反用人单位的规章制度、严重失职，营私舞弊，给用人单位造成重大损害、被依法追究刑事责任等情形之一的，用人单位可以解除劳动合同。本案中，李某还未被追究刑事责任，故公司不能以此与其解除劳动合同；如果公司的有效规章制度（符合经过民主程序制定、公示、内容合法三个条件）规定了违章驾驶，给单位造成多少经济损失为严重违反公司规章制度的，则李某的行为符合此情形，公司可以以此规定与其解除劳动合同；如果规章制度没有对此进行明确，则可以严重失职，营私舞弊，给用人单位造成重大损害为由，与其解除劳动合同。如果公司有工会，则还应将公司单方与其解除劳动合同的理由通知工会，并研究工会的意见，将处理结果书面通知工会，再与其解除劳动合同，在 15 日内办理解除劳动合同的相关手续。

社保缴费基数一般一年一定，李某待岗期间，公司应按原缴费标准为其缴纳各种社会保险金。其待岗期间的生活费，可以按照当地最低生活费标准发放。理由为：李某待岗是因其自己的原因造成的，不符合《工资支付暂行规定》第十二条"非因劳动者原因造成单位停工、停产在一个工资支付周期内的，用人单位应按劳动合同规定的标准支付劳动者工资。超过一个工资支付周期的，若劳动者提供了正常劳动，则支付给劳动者的劳动报酬不得低于当地的最低工资标准"的情形。虽然李某犯错了，但公司仍需保证其最低生活费用。

公司垫付的 30 多万元医药费难追索。李某驾驶公司车辆执行公务，造成他人死亡，适用《侵权责任法》（2010 年 7 月 1 日起施行）第三十四条"用人单位的工作人员因执行工作任务造成他人损害的，由用人单位承担侵权责任"的规定，公司应承担支付受害人损失的侵权责任。根据"法律的效力高于行政法规、地方性法规、规章"及新法优于旧法的原则，不适用《最高人民法院关于审理人身损害赔偿案件适用法律若干问题的解释》（2004 年 5 月 1 日起施行）第九条"雇员在从事雇佣活动中致人损害的，雇主应当承担赔偿责任；雇员因故意或者重大过失致人损害的，应当与雇主承担连带赔偿责任。雇主承担连带赔偿责任的，可以向雇员追偿"的规定。但民法的上述规定，并没有排除用人单位根据单位的规章制度和与员工签订的劳动合同对员工进行管理的权利。根据《工资支付暂行规定》第十六条"因劳动者本人原因给用人单位造成经济损失的，用人单位可按照劳动合同的约定要求其赔偿经济损失。经济损失的赔偿，可从劳动者本人的工资中扣除。但每月扣除的部分不得超过劳动者当月工资的 20%。若扣除后的剩余工资部分低于当地月最低工资标准，则按最低工资标准支付"的规定，如果公司与李某的劳动合同中或公司的规章制度对此有约定，公司可以不与李某解除劳动合同，每月从其工资中扣除一定的款以赔偿公司损失。如果劳动合同中或规章制度中对此没有约定，则公司不能要求李某赔偿。

61. 劳动者被拘留或逮捕期间，用人单位怎么办？

答：关于贯彻执行《中华人民共和国劳动法》若干问题的意见 28 指出，劳动者涉嫌违法犯罪被有关机关拘留或逮捕的，用人单位在劳动者被限制人身自由期间，可与其暂时停止劳动合同的履行。暂时停止履行劳动合同期间，用人单位不承担劳动合同规定的相应义务。因此，劳动者被拘留或逮捕期间，用人单位可以暂停发放其工资、暂时停止缴纳其社会保险金。

62. 连续订立两次固定期限劳动合同，劳动合同期满后，用人单位能否终止合同？

案情：

2008 年 8 月 1 日徐某与某公司签订了 2 年期劳动合同，岗位为电焊工，2010 年 8 月 1 日，双方续签期限至 2011 年 7 月 31 日的劳动合同。2011 年 7 月，该公司书面通知徐某，合同期满，公司不再与其续签劳动合同，合同期满后公司支付了其终止劳动合同经济补偿金。徐某不服，申请仲裁，要求公司自 2011 年 8 月 1 日起与其签订无固定期限劳动合同。

答： 连续订立二次固定期限劳动合同后，劳动者提出订立无固定期限劳动合同，用人单位能否终止劳动合同？司法实践中对《劳动合同法》第十四条第二款第（三）项的理解，有两种意见：一种意见认为，《劳动合同法》规定无固定期限合同，引导企业和劳动者订立无固定期限合同，本意是要鼓励劳动关系双方建立长期、稳定的劳动关系。用人单位与劳动者连续订立二次固定期限劳动合同后，且劳动者没有违法违纪以及不能胜任工作的情况，只要劳动者提出订立无固定期限劳动合同，用人单位必须无条件地与劳动者订立无固定期限劳动合同，即用人单位此时不能终止劳动合同，否则属于违法终止。北京司法实践就持此观点；另一种意见认为，该条规定在"劳动者提出或者同意续订、订立劳动合同"之前需具备三个条件：（1）连续订立二次固定期限劳动合同；（2）劳动者没有本法第三十九条和第四十条第（一）项、第（二）项规定的情形；（3）续订劳动合同的。《劳动合同法》第十四条第二款第（一）项、第（二）项均无"续订劳动合同的"这个条件，满足连续工作年限就必须订立，第（三）项中增加了"续订劳动合同的"这个条件，根据法条前后文意思应当是指前面两次固定期限劳动合同终止后，双方再次决定续订劳动合同的，劳动者提出要求，则应当签订无固定期限劳动合同。如果用人单位不愿意再次"续订劳动合同的"，则因为缺乏双方共同的"续订劳动合同的"意思表示，劳动合同终止，即使劳动者提出要求，也因不符合该条规定的条件而无法达到目的。另外，从法理上说，劳动合同也需基于双方合意，合同期满后，任何一方都有续订与否的选择权，法律不能强迫一方订立劳动合同，用人单位选择不续订劳动合同不宜通过立法予以剥夺。从目前全国各地司法实践看，北京、江苏、浙江、山东、广东等大多数地区持第一种意见，上海等少数地方持第二种意见。笔者持第二种意见。新的理由是：关于贯彻执行《劳动法》若干问题的意见21指出，从事矿山井下以及其他有害身体健康的工种、岗位工作的农民工，实行定期轮换制度，合同期限最长不超过8年。据此规定，当劳动者两次签订固定期限劳动合同超过8年后，用人单位不能再维持或提高原劳动合同条件与劳动者续签劳动合同，在无其他岗位工作安排或劳动者不同意调岗的情况下，用人单位只有与其终止劳动合同。《关于贯彻执行〈中华人民共和国劳动法〉若干问题的意见》26指出，劳动合同的解除是指劳动合同订立后，尚未全部履行以前，由于某种原因导致劳动合同一方或双方当事人提前消灭劳动关系的法律行为。据此，劳动合同到期，用人单位与劳动者终止劳动合同，不属于解除劳动合同，当然不属于违法解除劳动合同；根据《劳动合同法》第四十四、四十五条的规定，违法终止劳动合同，应是有不得终止劳动合同的情形时，用人单位终止劳动合同。劳动合同到期，劳动者没有法律规定的须续延合同期限的情形，用人单位终止劳动合同，不属于违法终止合同。既然不属于违法解除劳动合同，也不是违法终止劳动合同，用人单位终止劳动合同就是合法的。

实践中，有的用人单位不愿与劳动者签订无固定期限劳动合同，采用一套人马、两块牌子（2个用人单位）的方式，规避连续2次签订固定期限劳动合同。

63. 用人单位能否调整劳动者工作岗位？

答： 北京市审理劳动争议的规则规定：用人单位与劳动者约定可根据生产经营情况调整劳动者工作岗位的，经审查用人单位证明生产经营情况已经发生变化，调岗属于合理范畴，应支持用人单位调整劳动者工作岗位。用人单位与劳动者在劳动合同中未约定工作岗位或约定不明的，用人单位有正当理由，根据生产经营需要，合理地调整劳动者工作岗位属于用人单位自主用工行为。判断合理性应参考以下因素：用人单位经营必要性、目的正当性，调整后的岗位为劳动者所能胜任、工资待遇等劳动条件无不利变更。用人单位与劳动者签订的劳动合同中明确约定工作岗位但未约定如何调岗的，在不符合《劳动合同法》第四十条所列情形时，用人单位自行调整劳动者工作岗位的属于违约行为，给劳动者造成损失的，用人单位应予以赔偿，参照原岗位工资标准补发差额。对于劳动者主张恢复原工作岗位的，根据实际情况进行处理。经审查难以恢复原工作岗位的，可释明劳动者另行主张权利，释明后劳动者仍坚持要求恢复原工作岗位的，可驳回其请求。实践中，用人单位可参考上述规定灵活处理。

64. 单位客观情况发生变化，职工不接受调岗怎么办？

答：《劳动合同法》第四十条第三款规定，劳动合同订立时所依据的客观情况发生重大变化，致使劳动合同无法履行，经用人单位与劳动者协商，未能就变更劳动合同内容达成协议的，用人单位提前30日以书面形式通知劳动者本人或者额外支付劳动者一个月工资后，可以解除劳动合同。客观情况变化主要有遭遇不可抗力、企业搬迁、去产能等，出现这些情况致使合同无法全部或部分履行时，双方可以协商变更劳动合同，协商达不成一致意见时，单位可以与劳动者解除劳动合同，但要按照规定支付经济补偿金。但对处于"三期"的女职工，《劳动合同法》第四十二条规定，用人单位不得与其解除合同。此时用人单位要尽量与员工沟通争取达成共识，安排其新岗位时要考虑职工的特长、专业等因素，用人单位基于岗位变化、同工同酬原则，可以变更其工资，但待遇变化不宜太大。如果员工拒绝调岗，可以协商安排其待岗，按照各地的工资支付规定，支付其工资。如《广西工资支付暂行规定》第二十四条规定，用人单位歇业、停产等非因劳动者本人原因造成劳动者停工在一个工资支周期内的，用人单位应按国家规定或劳动合同约定的工资标准支付工资，超过一个工资支付周期，用人单位应当支付生活费，生活费标准应不低于当地最低工资标准的80%。

65. 能与处于"三期"的女职工解除劳动合同吗？

答：能否与处于"三期"的女职工解除劳动合同，不能一概而论，要区分具体情况：如果用人单位和劳动者协商一致，可以解除劳动合同；劳动者有下列情形之一的，用人单位可以解除劳动合同：（1）在试用期间被证明不符合录用条件的；（2）严重违反用人单位的规章制度的；（3）严重失职，营私舞弊，给用人单位造成重大损害的；劳动者同时与其他用人单位建立劳动关系，对完成本单位的工作任务造成严重影响，或者经用人单位提出，拒不改正的；（5）因以欺诈、胁迫的手段或乘人之危，使对方在违背真实意思的情况下订立或者变更劳动合同，致使劳动合同无效的；（6）被依法追究刑事责任的。但用人单位解除与劳动者的劳动合同，要合法有据，要把哪些情形为不符合录用条件、哪些行为属于严重违反用人单位的规章制度、哪些情形为严重失职，营私舞弊，给用人单位造成重大损害等进行细化。否则，构成违法解除劳动合同。用人单位违反《劳动合同法》规定解除或终止劳动合同，劳动者要求继续履行劳动合同的，用人单位应当继续履行。劳动者不要求继续履行劳动合同或劳动合同已经不能继续履行的，用人单位应当依照《劳动合同法》第八十七条的规定支付赔偿金。

下列情形不能解除劳动合同：（1）用人单位裁减人员时；（2）劳动者不能胜任工作，经过培训或者调整工作岗位，仍不能胜任工作的；（3）劳动合同订立时所依据的客观情况发生重大变化，致使劳动合同无法履行，经用人单位与劳动者协商，未能就变更劳动合同内容达成协议的。

另外，劳动合同期满，如果女职工仍处于"三期"，用人单位不能终止劳动合同，劳动合同应当延续至"三期"届满时为止。

66. 用人单位如何对劳动者进行调岗？

答： 首先，用人单位应与员工就调岗进行充分协商，尽量用情理打动员工，使其愿意调岗。对服从调岗的，让其签字确认岗位变更申请表或调岗协议书；对不愿意调岗的，把书面调岗通知送达该员工，让其签收，若其拒收，则采取其他措施送达该通知，并固定证据。

其次，写好调岗通知书。调岗通知应写明工作岗位、工作地点调动的事实依据、制度依据、调离原岗的时间、就任新岗的时间。

再次，依据合法有效的内部规章制度进行调岗。

最后，按法律程序处理员工对调岗的异议和申诉。对于既不到岗又不提出异议的，应及时书面警告，并对其按旷工处理；如符合解除劳动合同条件的，及时书面通知员工解除劳动合同。

案例：

某酒店 2012 年 1 月与周某签订劳动合同约定：甲方（酒店）可依据乙方（周某）在该岗位是否称职，变更其工作内容，调整其工作岗位、工资；如果乙方工作岗位、工作内容发生变化的，乙方到岗 3 天内，未向甲方提出书面异议，视为同意；按上述程序，甲方在合同规定的乙方工作内容范围内调整乙方工作岗位，乙方拒绝接受的，或虽接受但仍不能满足该岗位工作要求的，可直接予以辞退，甲方可与其解除劳动合同并不支付其任何经济补偿或赔偿。劳动合同履行期间，酒店签署了岗位聘任书，聘任周某为厨师长，并明确了厨师长应负职责。因周某在担任厨师长期间未能履行岗位聘任书所规定的职责，存在工作计划性不强、对厨房人员管理不到位、厨房员工打架、菜品卫生遭到客户投诉等诸多问题，故酒店自 2013 年 10 月起多次与周某谈话，指出其问题，要求其限期整改，但收效甚微，2014 年 3 月 31 日，岗位聘任到期后，酒店调整其岗位为厨师 B 级，工资调为 2640 元 / 月，并将调岗调资事宜通知周某，周某拒绝签收。酒店提交了劳动合同书、岗位聘任书、2012 年的酒店工资调整草案、谈话记录、签订聘书的通知、短信、快递单底联、酒店单方整理的宾客对菜品意见等证据予以证明。谈话记录为多次餐饮部例会与周某谈话的内容，但仅有谈话人与记录人签字，并无周某签字。酒店单方整理的宾客对菜品意见也无周某签字。酒店工资调整草案中所列的厨师 B 级的基本工资为 3900 元。周某否认酒店所称其不能胜任厨师长的情况，也否认酒店书面通知其变更劳动合同、降低工资标准，并主张酒店无故调整其工作岗位、降低其工资标准，要求酒店支付解除劳动合同经济补偿金、工资差额及未休年休假工资。

终审判决：

1. 酒店向周某支付 2014 年 3 月 26 日至 2014 年 6 月 11 日工资差额 12022.35 元；

2. 酒店向周某支付解除劳动合同经济补偿金 94500 元。

评析：

本案争议焦点是酒店对周某调岗调薪是否合法。法院认为，在劳动争议纠纷案件中，因用人单位作出开除、除名、辞退、解除劳动合同、减少劳动报酬、计算劳动者工作年限等决定而发生劳动争议的，应由用人单位负举证责任。鉴此，酒店对周某进行调岗降薪处理，应对作出该决定所依据的理由进行充分举证，酒店主张周某未能胜任厨师长工作，故在聘期届满后对其进行调整，酒店应对其未能胜任厨师长的主张提交相应证据予以证明。本案中，酒店仅就该主张提交无周某签字确认的会议记录、单方整理的宾客对菜品问题的意见，未能充分证明周某不能胜任厨师长一职，故对酒店所称周某未能胜任厨师长一职进行调整的理由不予采纳。法院还指出，酒店工资调整草案所列厨师 B 级的工资标准为 3900 元，而其为周某出具的 2014 年 4 月的岗聘确认书中所载工资标准为 2640 元，明显低于酒店工资调整草案中确定的厨师 B 级工资，显而易见，酒店此次对周某的工资调整也并未达到酒店自定标准，酒店所称的调资合规也自相矛盾。酒店以《劳动争议司法解释（四）》第十一条规定，主张 2014 年 4 月后周某已在新岗位工作，并接受新的工资标准，应视为其认可调岗，周某超过一个月后提出异议，不应予以支持。法院认为，该司法解释系指在双方达成合意之时，对劳动合同默示变更情形的补充规定，而本案中，周某并未与酒店就工资标准调整达成合意，酒店适用《劳动争议司法解释（四）》第十一条进行抗辩，显然不当。

二审中，酒店申请李某、张某、刘某、郑某等在职工作人员出庭作证。法院认为，上述证人系酒店工作人员，与酒店存在利害关系，且证人证言在周某是否到新的厨师岗位履职以及具体履职时间等方面存在诸多矛盾之处，在缺乏其他证据佐证的情况下，本院对上述证人证言不予采信。另查明，酒店在一审期间提交考勤统计表及员工休假申请单，用以证明周某已到新岗位工作2个多月。周某对该证据的证明目的不予认可，主张考勤统计表不能证明其已在新的岗位工作2个月，员工休假申请单上岗位空缺，不能证明其不再担任厨师长。上述事实，还有双方当事人在二审期间的陈述等证据材料在案佐证，故二审维持了一审判决。

综上所述，用人单位对劳动者是否胜任工作的认定，一定要有理有据，注意细化考核标准，平时要保留、收集好证据；调整员工工作岗位、工资标准时，要情理交融，尽量与员工沟通协调，力争达成一致意见并签订好变更协议；平时要加强对法律法规的学习，领会法律、法规的原则和精神，从而正确运用法律维护单位的合法权益。

五、劳务派遣和非全日制用工

劳务派遣和非全日制用工是《劳动合同法》中的特别规定，笔者在日常巡视、检查中发现，劳务派遣公司与用工单位签订的劳务派遣协议还存在一些问题，特别是对员工工伤、经济补偿金等约定不明或没有约定，日后容易产生纠纷，一些单位的劳务派遣工比例高于法律规定的10%，因此，有关单位应加以注意。

67. 劳务派遣协议应当具备哪些内容？

答：《劳务派遣暂行规定》第七条规定，劳务派遣协议应当载明下列内容：派遣的工作岗位名称、岗位性质、工作地点、派遣人员数量和派遣期限、按照同工同酬原则确定的劳动报酬数额和支付方式、社会保险费的数额和支付方式、工作时间和休息休假事项、被派遣劳动者工伤、生育或者患病期间的相关待遇、劳动安全卫生以及培训事项、经济补偿等费用、劳务派遣协议期限、劳务派遣服务费的支付方式和标准、违反劳务派遣协议的责任、法律、法规、规章规定应当纳入劳务派遣协议的其他事项。

68. 单位使用劳务派遣工，需遵守哪些规定？

答：法律、法规对使用劳务派遣工的人数、岗位等做出了规定，相关单位需自觉遵守。

《劳动合同法》第六十六条规定，劳务派遣用工是补充形式，只能在临时性、辅助性或者替代性的工作岗位上实施。临时性工作岗位是指存续时间不超过6个月的岗位；辅助性工作岗位是指为主营业务岗位提供服务的非主营业务岗位；替代性工作岗位是指用工单位的劳动者因脱产学习、休假等原因无法工作的一定期间内，可以由其他劳动者替代工作的岗位。

《劳务派遣暂行规定》第三条规定，用工单位（企业、依法成立的会计师事务所、律师事务所等合伙组织和基金会以及民办非企业单位等组织，不包括事业单位）决定使用被派遣劳动者的辅助性岗位，应当经职工代表大会或者全体职工讨论，提出方案和意见，与工会或者职工代表平等协商确定，并在用工单位内公示。第四条规定，用工单位应当严格控制劳务派遣用工数量，使用的被派遣劳动者数量不得超过其用工总量的 10%。前款所称用工总量是指用工单位订立劳动合同人数与使用的被派遣劳动者人数之和。计算劳务派遣用工比例的用工单位是指依照劳动合同法和劳动合同法实施条例可以与劳动者订立劳动合同的用人单位。

69. 什么是非全日制用工？

答：《劳动合同法》第六十八条规定，非全日制用工，是指以小时计酬为主，劳动者在同一用人单位一般平均每日工作时间不超过 4 小时，每周工作时间累计不超过 24 小时的用工形式。

70. 非全日制用工，要注意哪些问题？

答：要注意以下问题：《劳动合同法》第七十条规定，非全日制用工双方当事人不得约定试用期；第七十二条规定，非全日制用工小时计酬标准不得低于用人单位所在地人民政府规定的最低小时工资标准，劳动报酬结算支付周期最长不得超过 15 日；《关于非全日制用工若干问题的意见》指出，用人单位招用劳动者从事非全日制工作，应当在录用后到当地劳动保障行政部门办理录用备案手续；用人单位应当按照国家有关规定为建立劳动关系的非全日制劳动者缴纳工伤保险费；如果劳动者与其他单位还有劳动关系，最好与原单位联系，征得其书面同意，以防范风险。《违反〈劳动法〉有关劳动合同规定的赔偿办法》第六条规定，用人单位招用尚未解除劳动合同的劳动者，对原用人单位造成经济损失的，除该劳动者承担直接赔偿责任外，该用人单位应当承担连带赔偿责任，其连带赔偿的份额应不低于对原用人单位造成经济损失总额的 70%。

六、工作时间及休假

2015 年《中国青年报》社会调查中心通过手机腾讯网对 21609 名网友进行的一项调查显示，39.4% 的受访者原先享有的福利全部或者部分被取消，奖励休假或休养成受访者的最大梦想福利。法律对员工的一些假期做出了规定，有的用人单位对这些假期也进行了细化，实践中，一些用人单位的人力资源管理负责人对如何执行这些假期提出了不少问题，下面逐一进行解答。

71. 法律、法规对劳动者工作时间有哪些规定？

答：《劳动法》第三十六条规定，劳动者每日工作时间不超过 8 小时、平均每周工作时间不超过 44 小时；第三十八条规定，用人单位应当保证劳动者每周至少休息一日（劳动者每周至少有一次 24 小时不间断的休息）；第四十一条规定，用人单位由于生产经营需要，经与工会和劳动者协商后可以延长工作时间，一般每日不得超过 1 小时；因特殊原因需要延长工作时间的，在保障劳动者身体健康的条件下延长工作时间每日不得超过 3 小时，但每月不得超过 36 小时。

《防暑降温措施管理办法》第八条规定，日最高气温达到 40℃ 以上，应当停止当日室外露天作业；日最高气温达到 37℃ 以上、40℃ 以下时，用人单位全天安排劳动者室外露天作业时间累计不得超过 6 小时，连续作业时间不得超过国家规定，且在气温最高时段 3 小时内不得安排室外露天作业；日最高气温达到 35℃ 以上、37℃ 以下时，用人单位应当采取换班轮休等方式，缩短劳动者连续作业时间，并且不得安排室外露天作业劳动者加班。

72.《企业职工带薪年休假实施办法》中享受年休假的条件"职工连续工作满 12 个月以上"，如何理解？

答：《关于〈企业职工带薪年休假实施办法〉若干问题的复函》指出，"职工连续工作满 12 个月以上"，既包括职工在同一用人单位连续工作满 12 个月以上的情形，也包括职工在不同用人单位连续工作满 12 个月以上的情形。

73.《企业职工带薪年休假实施办法》中"累计工作时间"、年休假天数如何确定？

答：《关于〈企业职工带薪年休假实施办法〉若干问题的复函》指出，"累计工作时间"，包括职工在机关、团体、企业、事业单位、民办非企业单位、有雇工的个体工商户等单位从事全日制工作期间（非全日制工作时间不计算），以及依法服兵役和其他按照国家法律、行政法规和国务院规定可以计算为工龄的期间（视同工作期间）。职工的累计工作时间可以根据档案记载、单位缴纳社保费记录、劳动合同或者其他具有法律效力的证明材料确定。

《职工带薪年休假条例》第三条规定，职工累计工作已满 1 年不满 10 年的，年休假 5 天；已满 10 年不满 20 年的，年休假 10 天；已满 20 年的，年休假 15 天。

《机关事业单位工作人员带薪年休假实施办法》第二条规定，工作人员工作年限满 1 年、满 10 年、满 20 年后，从下月起享受相应的年休假天数。

74. 职工有哪些不享受当年的年休假的情形？

答：《职工带薪年休假条例》第四条规定，职工有下列情形之一的，不享受当年的年休假：（1）职工依法享受寒暑假，其休假天数多于年休假天数的；（2）职工请事假累计 20 天以上且单位按照规定不扣工资的；（3）累计工作满 1 年不满 10 年的职工，请病假累计 2 个月以上的；（4）累计工作满 10 年不满 20 年的职工，请病假累计 3 个月以上的；（5）累计工作满 20 年以上的职工，请病假累计 4 个月以上的。

《企业职工带薪年休假实施办法》第十四条规定，被派遣职工在劳动合同期限内无工作期间由劳务派遣单位依法支付劳动报酬的天数多于其全年应当享受的年休假天数的，不享受当年的年休假。

75. 员工新进单位后，在新单位还能享受带薪年休假吗？

答： 不一定。

对此情况，一些用人单位都认为该职工不能享受带薪年休假，理由是：不符合连续工作满 12 个月以上的条件。这理由不正确，有的用人单位因此被裁决支付了职工未休年休假 300% 的工资报酬。

《企业职工带薪年休假实施办法》有关问题的复函指出：连续工作满 12 个月以上，既包括职工在同一用人单位连续工作满 12 个月以上的情形，也包括职工在不同用人单位连续工作满 12 个月以上的情形。既然该职工在原单位已经符合享受带薪年休假的条件，那么在新单位工作后就更符合享受带薪年休假的条件；从《职工带薪年休假条例》第四条规定的职工不享受当年年休假的情形可以看出，职工连续工作 1 年以上，并非职工除法定节假日、休息日外 1 天都不间断地工作，只要是在上述情形的限额内，职工中断一段时间不工作，也属于连续工作，从而享受带薪年休假待遇；《企业职工带薪年休假实施办法》第五条指出："职工新进用人单位且符合本办法第三条规定的，当年度年休假天数，按照在本单位剩余日历天数折算确定，折算后不足 1 整天的部分不享受年休假。"。如果职工在新单位折算的年休假天数在 1 天以上（含 1 天），该职工在新单位就享受带薪年休假，否则不享受。如果认为职工在旧单位离职后，休息一段时间后再到新单位工作，不属于连续工作满 12 个月，那《办法》第五条规定就失去了意义。事实上，劳动者从旧单位到新单位，一般很少有不中断几天工作的情况。如果过分强调连续工作，就使一部分职工丧失了带薪年休假的权利，不利于调动职工的工作积极性，不利于劳动者的正常流动。

76. 职工已享受当年的年休假，年度内又出现不能享受当年年休假的情形怎么处理？

答：《企业职工带薪年休假实施办法》第八条规定，职工已享受当年度年休假，年度内又出不能享受当年的年休假的情形的，不享受下一年度的年休假。

77. 年休假假期不包括哪些时间？

答：据《职工带薪年休假条例》第三条、《企业职工带薪年休假实施办法》第六条的规定，年休假的假期不包括国家法定节假日、休息日、职工依法享受的探亲假、婚丧假、产假以及因工伤停工留薪期间。

78. 员工辞职，当年度未休年休假，单位要支付其未休假的 3 倍工资报酬吗？

答：职工年休假由用人单位统筹安排。实践中，如果劳动者在当年的 12 月上旬（年休假最长 15 天，含周末就是 21 天）辞职，一般认为该情形不符合《企业职工带薪年休假实施办法》第十二条"用人单位与职工解除或者终止劳动合同时"的前提条件，单位不需支付未休年休假工资报酬，也不用给其补休相应的假期。但如果劳动者当年 12 月底辞职且本单位年休假不跨年安排时，有的地方认为用人单位要支付职工未休年休假的工资报酬。

79. 带薪年休假可以按小时请吗？

答：《职工带薪年休假条例》第五条规定，单位根据生产、工作的具体情况，并考虑职工本人意愿，统筹安排职工年休假。年休假在 1 个年度内可以集中安排，也可以分段安排，一般不跨年度安排。法律没有禁止按小时休假，据此，单位统筹安排时，可以考虑职工本人意愿（实践中出现了职工要求按小时请年休假的情况），安排按小时请假，然后折算成天数。当然，单位为了维持正常的上下班秩序，降低管理难度，也可以不批准员工按小时请年休假。当然这些最好都通过有效的规章制度予以明确。

80. 年休假不休就是自动放弃吗？

答：不是。

《机关事业单位工作人员带薪年休假实施办法》第九条规定，机关、事业单位已安排年休假，工作人员未休且有下列情形之一的，只享受正常工作期间的工资收入：（一）因个人原因不休年休假的；（二）请事假累计已超过本人应休年休假天数，但不足 20 天的。

《企业职工带薪年休假实施办法》第十条指出，用人单位安排职工休年休假，但是职工因本人原因且书面提出不休年休假的，用人单位可以只支付其正常工作期间的工资收入。

综上所述，劳动者不休年休假只是一个条件，还必须有其他条件才能视为劳动者放弃年休假。

案例：

李某承诺：因公司生产及本人工种的实际情况，本人自愿放弃公司安排的年休假，由此产生的相关责任，由本人承担。但到年末李某未休年休假，要求公司支付其未休年休假工资报酬。

裁决结果：李某放弃年休假，不符合"职工因本人原因且书面提出不休年休假的"情形，公司应支付其未休年休假工资报酬。

提醒：人力资源管理负责人不能道听途说，要认真学习法律、法规的具体规定，一条一条对照学习，防范用工风险。

81. 法定节假日有哪些、具体是哪几天？

答：前段时间，有好几个网友咨询春节期间如何支付加班工资的问题，主要是不知道到底哪几天是法定节假日。《全国年节及纪念日放假办法》修订了3次，节日及放假的时间发生了一些变化，目前应按2013年12月11日第三次修订的《全国年节及纪念日放假办法》执行。具体为：全体公民放假的节日：（1）新年，放假1天（1月1日）；（2）春节，放假3天（农历正月初一至初三）；（3）清明节，放假1天（农历清明当日）；（4）劳动节，放假1天（5月1日）；（5）端午节，放假1天（农历端午当日）；（6）中秋节，放假1天（农历中秋当日）；（7）国庆节，放假3天（10月1日、2日、3日）。另外，少数民族习惯的假日，由少数民族集居地的人民政府规定放假日期。

82. 现在女职工产假是多少天？

答：《女职工劳动保护特别规定》第七条规定，女职工生育享受98天产假，其中产前可以休假15天；难产的，增加产假15天；生育多胞胎的，每多生育1个婴儿，增加产假15天。怀孕未满4个月流产的，享受15天产假；怀孕满4个月流产的，享受42天产假。另外各地的人口与计划生育政策2016年修订后，规定增加的产假不大一致，大家需查看当地的规定。如《陕西省人口与计划生育条例》第四十八条规定，职工合法生育子女的，在法定产假的基础上增加产假60天，女职工参加孕前检查的，在法定产假的基础上增加产假10天。《广西人口与计划生育条例》第二十五条规定，符合法律、法规规定生育子女的夫妻，除享受国家规定的假期外，女方增加产假50日。

83. 什么是夜班劳动？

答：《〈女职工劳动保护规定〉问题解答》指出，夜班劳动系指在当日二十二点至次日六点时间从事劳动或工作。《女职工劳动保护特别规定》第九条规定，用人单位不得安排哺乳未满 1 周岁婴儿的女职工夜班劳动。

84. 如何理解产前休假 15 天的规定？

答：《〈女职工劳动保护规定〉问题解答》指出，产前假 15 天，系指预产期前 15 天的休假。产前假一般不得放到产后使用，若孕妇提前生产，可将不足的天数和产后假合并使用；若孕妇推迟生产，可将超出的天数按病假处理。

85. 产假包括法定节假日、休息日在内吗？

答：《女职工劳动保护特别规定》未明确规定 98 天产假是否包含国家法定节假日、休息日，但《劳动保险条例实施细则》第三十一条规定："产假（不论正产或小产）应包括星期日及法定假日在内，不再补假。"该细则目前还没有废止，也不与其它规定冲突，可以适用。

另外有的省也对此进行了明确，如《广东省企业职工假期待遇死亡抚恤待遇暂行规定》规定，产假原则上应一次性连续安排，假期内遇公休假日的，均不另加假期天数。

86. 男职工护理假（陪护假、看护假）包括法定节假日、休息日在内吗？

答：很多地方的人口与计划生育条例（办法）规定，女职工产假期间，给予男职工护理假（陪护假、看护假），但大多没有明确规定这假包括法定节假日、休息日否。有的省则在其他规定中进行了明确，如《广东省企业职工假期待遇死亡抚恤待遇暂行规定》规定，看护假的假期原则上应一次性连续安排，假期内遇公休假日的，均不另加假期天数。《上海市计划生育奖励与补助若干规定》第二条规定，配偶陪产假遇法定节假日顺延。

我个人认为，按照有关法规的表述，这假期是一种奖励，因此应是一种额外的激励措施，应该不包括休息日、法定节假日，另外法规对该假可否分段休未予以明确，如果劳动者可申请分段休假，完全可以避开休息日和法定节假日。建议用人单位对此进行明确。

87. 男职工护理假（陪护假、看护假）可以提前请吗?

案例:

前不久，一用人单位的人力资源管理负责人在网上询问：有个员工说老婆快生小孩了，家里没人照顾她，想提前请护理假。

答: 可以。理由为：

护理假又名陪护假、陪产假，是依法登记结婚的夫妻，女方在享受产假期间，男方享受的一定时间看护、照料对方的权利。《劳动法》《劳动合同法》等相关法律、法规尚未对该假做出明确规定，大多数省、自治区、直辖市的人口与计划生育条例等规定，女职工产假期间，给予男职工护理假（陪护假、陪产假），时间为 7 至 30 天不等，但对该假是否可以提前休，目前还未见哪个地区做出具体规定，也未对此做出禁止性规定。根据"法无禁止即可为"的原则，用人单位当然可以批准男职工提前休该假，男职工也有权提前申请该假。

一般认为，护理假是女方在享受产假期间，男职工享有的假期，而《女职工劳动保护特别规定》第七条规定，女职工生育享受 98 天产假，其中产前可以休假 15 天。既然女职工可以提前休产假，男职工当然可以提前请假去陪护。

从人性化管理的角度出发，单位也不妨批准该男职工提前休护理假。因为每个人的身体情况不大一样，女职工哪天生育很难预测，其临产前一个人在家，万一发生一些意外情况，身边无人照顾，可能危及母婴安全，给其家庭带来巨大损失，从而给职工的身心健康造成影响；另外，有的职工盼子心切，这个时候上班也身在曹营心在汉，工作效率不高，有时还容易发生工伤事故。用人单位不如给其早休假，反正这假迟早要给职工安排的。

综上所述，用人单位可以批准该男职工提前休护理假，当男职工还有未休年休假时，单位不妨先安排其休年休假，同时建议用人单位尽快根据各地的人口与计划生育条例的相关规定，对护理假（陪产假、陪护假）进行细化，明确该假可否提前休、可否分段休、该假包括法定节假日、休息日否，以便执行。

88. 计划生育节育手术假期的规定怎样？

答：国家目前暂未对计划生育节育手术假期进行统一规定。1984 年国家卫生部对各种节育手术后假期提出了以下建议：（1）放置宫内节育器，自手术日起休息 2 天；（2）取宫内节育器，当日休息 1 天（包括有尾丝节育器），（3）输精管结扎，休息 7 天；（4）单纯输卵管结扎，休息 21 天；（5）人工流产同时放置宫内节育器，休息 16 天；（6）人工流产同时结扎输卵管：休息 1 个月；（7）中期终止妊娠同时结扎输卵管，休息 40 天；（8）产后结扎输卵管，按产假另加 14 天。如遇特殊情况，由医师决定。因此具体假期天数要看各省（市、自治区）的有关规定。如，广西实施《女职工劳动保护规定》办法第十二条规定，（1）放置宫内节育器，自手术日起休息 2 天；（2）取宫内节育器，当日休息 1 天；（3）施行绝育手术的，休息 21 天；（4）人工流产同时施行绝育手术的，另加假 10 天；正常分娩后施行绝育手术的，除享受产假外，另加假 14 天；《广州市人口与计划生育管理办法》规定，职工接受节育手术的，自手术之日起，凭手术证明按下列规定享受节育手术假期：（1）放置宫内节育器的，休息 3 日；（2）取出宫内节育器的休息 2 日；（3）

输精管结扎的，休息 10 日；（4）输卵管结扎的，休息 30 日；（5）符合再生育条件，施行输卵（精）管复通术的，休息 14 日；（6）施行皮下埋植术的，休息 3 日；（7）怀孕 2 个月以下人工流产的，休息 15 日；（8）怀孕 2 个月以上 4 个月以下人工流产的，休息 30 日（长于《女职工劳动保护特别规定》规定的 15 日）；（9）怀孕 4 个月以上引产的，休息 45 日；

《上海市计划生育奖励与补助若干规定》第十二条也对此进行了规定，有的地方在生育保险办法中进行了规定。

89. 职工结婚有 3 天法定假吗？

答：关于职工婚假，最早的规定是 1980 年的《关于国营企业职工请婚丧假和路程假问题的规定》，但该规定是针对国营企业的，且规定职工本人结婚时，单位行政领导可根据具体情况，酌情批准给予 1 至 3 天的婚假。职工结婚时双方不在一起工作的，可以根据路程远近，另给予路程假。由此可看出，职工结婚，单位不一定要给其婚假，也不一定要给其 3 天婚假。

2002 年 9 月 1 日起颁布实施的《人口与计划生育法》鼓励晚婚晚育，各地在人口与计划生育条例等地方规定中规定，对晚婚晚育的给予增加婚假的奖励。2015 年 12 月国家修订了《人口与计划生育法》，删除了鼓励晚婚晚育的规定，各地也相继修订了人口与计划生育条例，有的没有对婚假做出规定，如，广西；有的则做出了规定，如，山西省《人口与计划生育条例》规定，依法办理结婚登记的夫妻可享受婚假 30 日。

综上所述，职工结婚有无婚假、有多少天，要看各地规定和各用人单位的规章制度规定。实践中，有的职工结婚 1 年多了还来请婚假，有的甚至在原单位登记结婚后请婚假了，到新单位后又请婚假。现在有的省甚至规定职工结婚可以享受 1 个月的带薪婚假。因此，用人单位最好在规章制度中对此做出详细规定，如，规定在本单位工作后登记结婚、登记几个月之内、工龄几年、几年内只可享受一次婚假等条件，防止有的员工以结婚为由泡假。

90. 职工请丧假有何规定？

答： 关于丧假，目前的规定是《关于国营企业职工请婚丧假和路程假问题的规定》，但该规定是针对国营企业的，且规定职工的直系亲属（父母、配偶和子女）死亡时，单位行政领导可根据具体情况，酌情批准给予 1 至 3 天的丧假，职工在外地的直系亲属死亡时需要职工本人去外地料理丧事的，可据路程远近，另给予路程假。江苏省《关于职工的岳父母或公婆死亡后可给予请丧假问题的通知》规定，职工的岳父母或公婆死亡后，需要职工料理丧事的，由本单位行政领导批准，可酌情给予 1 至 3 天的丧假。有的单位实行人性化管理，把外公外婆、爷爷奶奶等死亡也列入了员工可享受丧假的范围，这可以，各单位不妨在规章制度中对此做出详细规定。

91. 什么是医疗期？

答：《企业职工患病或非因工负伤医疗期规定》第二条规定，医疗期是指企业职工因患病或非因工负伤停止工作治病休息不得解除劳动合同的时限。

92. 医疗期长短是如何规定的？

答：《企业职工患病或非因工负伤医疗期规定》第三条规定：企业职工因患病或非因工负伤，需要停止工作医疗时，根据本人实际参加工作年限和在本单位工作年限，给予 3 个月到 24 个月的医疗期：实际工作年限 10 年以下的，在本单位工作年限 5 年以下的为 3 个月，5 年以上的为 6 个月。

实际工作年限 10 年以上的，在本单位工作年限 5 年以下的为 6 个月，5 年以上 10 年以下的为 9 个月；10 年以上 15 年以下的为 12 个月；15 年以上 20 年以下的为 18 个月；20 年以上的为 24 个月。

93. 医疗期如何计算?

答:《企业职工患病或非因工负伤医疗期规定》第四条规定:医疗期 3 个月的按 6 个月内累计病休时间计算;6 个月的按 12 个月内累计病休时间计算;9 个月的按 15 个月内累计病休时间计算;12 个月的按 18 个月内累计病休时间计算;18 个月的按 24 个月内累计病休时间计算;24 个月的按 30 个月内累计病休时间计算。

94. 产前检查时间如何确定?

答:《女职工劳动保护特别规定》第六条规定,怀孕女职工在劳动时间内进行产前检查,所需时间计入劳动时间,但没有对产前检查的时间、频次做出规定。中华医学会围产分会制定的指南要求推荐无妊娠合并症者妊娠 10 周进行首次产检并登记信息后,孕期需 7 次规范化产检,分别是 16、18—20、28、34、36、38、41 周;既往未生育过者,还应在 25、31、40 周分别增加 1 次,共计 10 次。低危孕妇产前检查的次数,整个孕期 7 ~ 8 次较为合理,高危孕妇检查次数增多。现各地的普遍做法是:产前检查时间从确诊怀孕后开始,怀孕 28 周前每月一次,怀孕 28 ~ 36 周每两周一次,最后一个月每周一次,每次半天。

95. 职工请假休息保胎怎么办?

答:原劳动和社会保障部《关于女职工保胎休息和病假超过六个月后生育时的待遇问题给上海市劳动局的复函》指出:女职工按计划生育怀孕,经过医师开具证明,需要保胎休息的,其保胎休息的时间,按照本单位实行的疾病待遇的规定办理;保胎休息和病假超过 6 个月后领取疾病救济费的女职工,按计划生育时可以从生育之日起停发疾病救济费,改发产假工资,并享受其他生育待遇。产假期满后仍需病休的，从产假期满之日起，继续发给疾病救济费；保胎休息的女职工，产假期满后仍需病休的，其病假时间应与生育前的病假和保胎休息的时间合并计算。

七、工伤保险

劳动者在生产、工作中受各种因素影响，难免出现身体受到伤害而被认定为工伤的情况，一些用人单位对工伤保险知识不熟悉，工伤认定过程中也存在一些对法律、法规的理解不一致的情形，实践中出现了不少问题，下面就一些共性的问题，结合一些案例，与大家谈谈工伤保险的一些法律、法规条款。

96. 职工有哪些情形的，应当认定为工伤？

答：《工伤保险条例》第十四条规定，职工有下列情形之一的，应当认定为工伤：（1）在工作时间和工作场所内，因工作原因受到事故伤害的；（2）工作时间前后在工作场所内，从事与工作有关的预备性或者收尾性工作受到事故伤害的；（3）在工作时间和工作场所内，因履行工作职责受到暴力等意外伤害的；（4）患职业病的；（5）因工外出期间，由于工作原因受到伤害或者发生事故下落不明的；（6）在上下班途中，受到非本人主要责任的交通事故或者城市轨道交通、客运轮渡、火车事故伤害的；（7）法律、行政法规规定应当认定为工伤的其他情形。

工作时间包括劳动合同中约定的工作时间或者用人单位规定的工作时间及加班加点的工作时间。合法的加班期间以及单位违法延长工作的期间，都属于工作时间。工作场所包括职工日常工作所在的场所和领导临时指派其所从事工作的场所，在有多个工作场所的情形下，还包括职工在工作时间内来往于多个与其工作职责相关的工作场所之间的合理区域。工作原因是指职工受伤与从事本职工作之间存在因果关系，包括直接工作原因和间接工作原因，既指职工在工作时间和工作场所内，因从事生产经营活动直接遭受的事故伤害，也指职工在工作过程中临时解决合理必需的生理需要时（如喝水、用餐、上厕所等）由于不安全因素遭受的意外伤害。玩耍、干私事受伤，因情感、恩怨等与履行工作无关的原因遭受暴力伤害等，均不能认定为工伤。

预备性工作是指在工作时间开始之前的一段时间内，从事与工作有关的准备工作，如运输、备料、准备工具等。收尾性工作是指在工作时间结束之后的一段时间内，从事与工作有关的收尾工作，如打扫卫生、安全储存、收拾工具、衣物、洗澡等。

因履行工作职责受到暴力等意外伤害，一是指职工因履行工作职责，尽职尽责地完成工作任务，使某些人不合理或违法的目的没有达到，这些人出于报复而对该职工进行暴力人身伤害；二是指在工作时间和工作场所内，职工因履行工作职责受到意外伤害，如地震、厂区失火、车间房屋倒塌等。

司机驾驶车辆执行本单位正常工作时发生交通事故导致本人伤亡的，应视为在工作时间和工作岗位因工作原因受到事故伤害，认定为工伤，此时不受交通事故责任的限制。职工正常工作、因公外出期间驾驶或乘坐车辆发生事故的，也不受交通事故责任限制。这几种情况，千万不要与"上下班途中非本人主要责任交通事故"的责任条件混淆了。

案例：

刘某在某公司工程施工现场与塔吊指挥人员刘一某商议用塔吊吊运建筑材料事宜时发生争执并相互斗殴。后刘一某返回寝室拿出折叠刀对刘某进行报复性伤害，将刘某眼部刺伤，造成刘某左眼球破裂伤。某市人力资源和社会保障局根据刘某的申请，认定刘某受到的事故伤害，符合《工伤保险条例》第十四条第三项之规定，认定为工伤。该公司不服，申请行政复议。复议机关认为刘某受伤系与他人口角之争后产生的恩怨所致，其受伤不属于因履行工作职责受到的暴力伤害，决定撤销某市人力资源和社会保障局作出的《认定工伤决定书》。刘某不服，提起诉讼。一审认为，《工伤保险条例》第十四条第三项的规定"职工有下列情形之一的，应当认定为工伤：……（三）在工作时间和工作场所内，因履行工作职责受到暴力等意外伤害的。"刘某所受暴力伤害系其在工作时间、工作岗位因工作原因受到他人故意伤害所致，符合上述规定，应当认定工伤。一审判决后，复议机关和某公司均不服，提起上诉。理由为：刘某并非因工作原因受伤，而是因工作以外的原因即个人恩怨遭受到刘一某蓄意伤害，与其工作职责无关，不应认定为工伤。

终审判决：撤销某市人社局做出的《认定工伤决定书》。

法院认为，根据《工伤保险条例》第十四条第（三）项的规定："职工有下列情形之一的，应当认定为工伤：……（三）在工作时间和工作场所内，因履行工作职责受到暴力等意外伤害的"的规定。本案中，刘某是在工作时间和工作场所内，受到刘一某暴力伤害致伤，刘某与刘一某之间的纠纷虽然起因于工作，但该暴力伤害的直接原因是其与刘一某发生冲突后的个人暴力侵害行为，与其从事的本职工作和应履行的工作职责无直接关联。履行职责发生争议时，劳动者应以恢复正常履行工作职责状态为目的，并以适度的方法和手段达到该目的，行为不应超过合理、必要的限度，否则劳动者的严重不当的行为会阻却履行工作职责与受到暴力伤害之间的因果关系，导致其不被认定为"因履行工作职责"。

评析：劳动和社会保障部办公厅在《关于对〈工伤保险条例〉有关条款释义的函》（劳社厅函【2006】497号）指出，"因履行工作职责受到暴力伤害是指受到的暴力伤害与履行工作职责有因果关系。"其中的"因果关系"应理解为直接的因果关系。因为只要是在"工作时间、工作场所"内发生的任何暴力伤害，都可能和员工的工作存在一定的间接因果关系，毕竟都与"工作"沾得上边，如果都认定为工伤，就会无限扩大工伤的认定范围，显然不符合《工伤保险条例》的立法原意。所以，这种工伤认定情形，员工受到暴力伤害仅仅与工作具有关联性还不够，必须是伤害发生的直接原因为履行工作职责。如，保安阻止未经允许的外来人员进入单位，受到外来人员伤害。

有人认为，这也是因工作原因引起的，怎么不是工伤呢？在工伤认定实务中，"履行工作职责受到暴力等意外伤害"强调因果关系，且"履行工作职责"与"工作"含义并不一样，"履行工作职责"的范围显然小于"工作"的范围，这两项规定内容近似，都是"在工作时间和工作场所内"遭受的伤害，但受伤害的原因不同，条例将其分列在不同项中，可见其存在显著区别。第（一）项侧重的是"工作原因"受到事故伤害，范围大很多，第（三）项侧重的是"履行工作职责"受到暴力伤害，范围显然比"工作原因"小得多。本案中，刘某并非因工作原因受伤，而是因工作以外的原因即个人恩怨遭受到刘一某蓄意伤害。

97.《工伤保险条例》中"非本人主要责任"如何认定？

答：人力资源社会保障部关于执行《工伤保险条例》若干问题的意见指出，"非本人主要责任"的认定，应当以有关机关出具的法律文书或者人民法院的生效裁决为依据。《关于审理工伤保险行政案件若干问题的规定》指出，认定是否"本人主要责任"情形时，应当以有权机构出具的事故责任认定书、结论性意见和人民法院生效裁判等法律文书为依据，但有相反证据足以推翻事故责任认定书和结论性意见的除外。

98. 职工有哪些情形的，视同工伤？

答：《工伤保险条例》第十五条规定，职工有下列情形之一的，视同工伤：（1）在工作时间和工作岗位，突发疾病死亡或者在48小时之内经抢救无效死亡的；（2）在抢险救灾等维护国家利益、公共利益活动中受到伤害的；（3）职工原在军队服役，因战、因公负伤致残，已取得革命伤残军人证，到用人单位后旧伤复发的。

99. 职工有哪些情形不得认定为工伤或者视同工伤？

答：《工伤保险条例》第十六条规定，职工符合本条例第十四条、第十五条的规定，但是有下列情形之一的，不得认定为工伤或者视同工伤：（1）故意犯罪的；（2）醉酒或者吸毒的；（3）自残或者自杀的。

100. 如何认定 48 小时内经抢救无效死亡为工伤？

案例：

蔡某曾有"心脏病（风湿性可能）病史 8 年，一直未治疗"（病历记载，本人述说）。2013 年 4 月，蔡某到某公司从事刷底色胶工作。8 月 24 日上午，蔡某上班后因身体不适请假，由其丈夫陪同去医院。蔡某问诊时向医生陈述其胸闷、气促伴双下肢水肿 20 天，加重 1 天。经医院初步诊断，蔡某患心力衰竭、先天性心脏病（风湿性心脏病待排）、急性上呼吸道感染等病，遂于 10 时 20 分住院治疗。当天下午蔡某去公司请病假后回医院继续接受治疗，25 日 15 时左右，黎某在住院治疗期间突然呼吸、心跳停止，医院马上组织抢救，当日 22 时 40 分，蔡某经抢救无效死亡。当地行业联合人民调解委员会对此医疗纠纷进行调解，并制作了人民调解协议书，由医院一次性补偿蔡某家属人民币 8 万元。2013 年 9 月 2 日，蔡某家属认为蔡某工作期间突发疾病，在医院抢救 39 小时后无效死亡，符合视同工伤的情形，故提出工伤认定申请。

当地工伤保险部门认为，蔡某患先天性心脏病，8 月初已出现病情，但一直隐忍病症坚持上班，8 月 24 日才请假去看病，故 8 月 24 日并非蔡某疾病突发时间。蔡某虽从入院治疗至死亡仅 39 个小时，但不符合《工伤保险条例》第十五条第（一）项的情形，其死亡不属于视同工伤的情形。一审、二审法院判决维持不予认定工伤的决定。

评析：

《工伤保险条例》第十五条规定，在工作时间和工作岗位，突发疾病死亡或者在 48 小时内经抢救无效死亡的视同工伤。据此，突发疾病死亡被视同为工伤，须具备以下三个条件：第一，时间条件，即发生在工作时间内，该时间不仅包括上班时间而且包括工作时间前后进行的预备性工作及下班后的收尾性工作时间。职工在正常工作时间之外，经单位合法要求的加班加点或者单位违法延长的时间，以及未经单位安排自觉延长的时间或者主动加班的时间，只要是从事本职工作，都应认定为工作时间，除非单位能够证明职工系从事私人事务；第二，在工作岗位，主要是指用人单位能够对从事日常生产经营活动进行有效管理的区域和职工为完成某特定生产经营活动所涉及的相关区域，还应包括能够提高工作效率，使工作能够顺利完成的场所，如因材料用完，到相邻车间领取生产材料的相邻车间；第三，突发疾病死亡或者在 48 小时之内经抢救无效死亡。

设定"48 小时"的抢救时间，可能不太科学，但总得有个时间限制，否则无法可依。是否在 48 小时内死亡，应以医疗机构的初次抢救时间作为突发疾病的起算时间。若在 48 小时之外死亡，一般不视同工伤（有的地方，如厦门，出于人性化考虑，超过 48 小时也认定为工伤）。抢救是否能起到改变死亡结果的效果？若抢救无法改变死亡的结果，死者家属中途放弃抢救治疗，能否视同工伤？实践中出现了保命还是保工伤的难堪抉择情形。有的为了获得工伤赔偿，职工或家属放弃治疗或选择安乐死（自杀），有的经诊断，无继续存活的可能，但用人单位或家属要求继续抢救而超过了 48 小时，此时一般不能认定为视同工伤。因此，用人单位需做好解释工作，把利害关系讲清楚，减少事后发生不必要的纠纷。个人认为，如果确无存活可能，没有必要过度治疗，一则可以减少死者痛苦，让其有尊严地离开；二则可以减少抢救治疗费用；三则可以减少家属的煎熬；同时用人单位要有社会责任感和担当精神，不要为了逃避自己的工伤保险责任而过度治疗。

本案中，蔡某是在 48 小时之内经抢救无效死亡的，但她原有 8 年心脏病史，在公司工作仅几个月，事发前 20 天已经出现胸闷、气促等病症，排除了其在该公司患有职业病的可能。蔡某在 2013 年 8 月 24 日上午向单位请假时确有身体不适，但从其请假后就医并在安排住院后再次向单位请假等情形看，其发病尚难达到"突发疾病"的紧急和严重程度，故其死亡并不属于在工作时间和工作岗位突发疾病在 48 小时之内经抢救无效死亡的情形，不能认定为视同工伤。

为预防员工在工作岗位突发疾病伤亡，给用人单位造成不必要的损失，用人单位要加强入职前体检，调查劳动者有无高血压、心脏病等疾病史，尽量为员工缴纳社会保险金后再让员工上岗，工作中注意遵守工作时间的规定，让员工尽量少加班或不加班，以免员工因劳累过度而引发疾病。

101.《工伤保险条例》中"故意犯罪""醉酒或者吸毒"如何认定？

答：人力资源社会保障部关于执行《工伤保险条例》若干问题的意见指出，"故意犯罪"的认定，应当以司法机关的生效法律文书或者结论性意见为依据，"醉酒或者吸毒"的认定，应当以有关机关出具的法律文书或者人民法院的生效裁决为依据。无法获得上述证据的，可以结合相关证据认定。实施《社会保险法》若干规定第十条指出，醉酒标准，按照《车辆驾驶人员血液、呼气酒精含量阈值与检验》（GB19522-2004）执行。公安机关交通管理部门、医疗机构等有关单位依法出具的检测结论、诊断证明等材料，可以作为认定醉酒的依据。《关于审理工伤保险行政案件若干问题的规定》指出，认定是否存在《工伤保险条例》"醉酒或者吸毒"情形时，应当以有权机构出具的事故责任认定书、结论性意见和人民法院生效裁判等法律文书为依据，但有相反证据足以推翻事故责任认定书和结论性意见的除外。

102. 哪些情形是与履行工作职责相关，在工作时间及合理区域内受到伤害，应当认定为工伤的？

答：《关于审理工伤保险行政案件若干问题的规定》第三条指出，《工伤保险条例》第十六条第（一）项社会保险行政部门认定下列情形为工伤的，人民法院应予支持：（1）职工在工作时间和工作场所内受到伤害，用人单位或者社会保险行政部门没有证据证明是非工作原因导致的；（2）职工参加用人单位组织或者受用人单位指派参加其他单位组织的活动受到伤害的；（3）在工作时间内，职工来往于多个与其工作职责相关的工作场所之间的合理区域因工受到伤害的；（4）其他与履行工作职责相关，在工作时间及合理区域内受到伤害的。

103. "因工外出期间"如何认定?

答:《关于审理工伤保险行政案件若干问题的规定》第五条规定,社会保险行政部门认定下列情形为"因工外出期间"的,人民法院应予支持:(1)职工受用人单位指派或者因工作需要在工作场所以外从事与工作职责有关的活动期间;(2)职工受用人单位指派外出学习或者开会期间;(3)职工因工作需要的其他外出活动期间。

职工因工外出期间从事与工作或者受用人单位指派外出学习、开会无关的个人活动受到伤害,社会保险行政部门不认定为工伤的,人民法院应予支持。

104. "上下班途中"如何理解?

答:《关于审理工伤保险行政案件若干问题的规定》第六条指出,对社会保险行政部门认定下列情形为"上下班途中"的,人民法院应予支持:(1)在合理时间内往返于工作地与住所地、经常居住地、单位宿舍的合理路线的上下班途中;(2)在合理时间内往返于工作地与配偶、父母、子女居住地的合理路线的上下班途中;(3)从事属于日常工作生活所需要的活动,且在合理时间和合理路线的上下班途中;(4)在合理时间内其他合理路线的上下班途中。

105. 提出工伤认定申请应当提交哪些材料?

答:《工伤保险条例》第十八条指出,应当提交下列材料:(1)工伤认定申请表;(2)与用人单位存在劳动关系(包括事实劳动关系)的证明材料;(3)医疗诊断证明或者职业病诊断证明书(或者职业病诊断鉴定书)。工伤认定申请表应当包括事故发生的时间、地点、原因以及职工伤害程度等基本情况。工伤认定申请人提供材料不完整的,社会保险行政部门应当一次性书面告知工伤认定申请人需要补正的全部材料。

106. 不及时申请工伤认定，有什么后果？

答：《工伤保险条例》第十七条规定，职工发生事故伤害或者按照职业病防治法规定被诊断、鉴定为职业病，所在单位应当自事故伤害发生之日或者被诊断、鉴定为职业病之日起 30 日内，向统筹地区社会保险行政部门提出工伤认定申请。遇有特殊情况，经报社会保险行政部门同意，申请时限可以适当延长。用人单位未在规定的时限内提交工伤认定申请，在此期间发生符合本条例规定的工伤待遇等有关费用由该用人单位负担。

107. 员工参加单位组织的跳绳比赛崴伤了脚，算不算工伤？

答：算工伤。

《关于职工参加单位组织的体育活动受到伤害能否认定为工伤问题的请示》的复函指出："作为单位的工作安排，职工参加体育训练活动而受到伤害的，应当依照《工伤保险条例》第十四条第（一）项中关于'因工作原因受到事故伤害的'的规定，认定工伤。"

108. 员工户外作业严重中暑，算不算工伤？

答：算工伤。理由为：

《防暑降温措施管理办法》第十九条规定："劳动者因高温作业或者高温天气作业引起中暑，经诊断为职业病的，享受工伤保险待遇。"《广西人力资源和社会保障厅关于印发企业高温津贴工作有关问题解答的通知》指出："凡是工作时间在工作地点因工作原因引起的高温中暑，都属于工伤，经申请工伤认定后，应享受工伤待遇。"因此，炎热天气时，各单位应当建立、健全防暑降温工作制度，采取有效措施，加强高温作业、高温天气作业劳动保护工作，确保劳动者身体健康和生命安全，共同构建和谐劳动关系。

109. 单位的司机开车发生交通事故受伤并被追究刑事责任，还能认定为工伤吗？

答：根据 2004 年 1 月 1 日起施行的《工伤保险条例》第十六条"职工有下列情形之一的，不得认定为工伤或者视同工伤：（一）因犯罪或者违反治安管理伤亡的……"的规定，该情形不能认定为工伤。但 2011 年 1 月 1 日起施行的《工伤保险条例》对此规定进行修订，删掉"因犯罪或者违反治安管理伤亡的"的规定，改为"故意犯罪的"，所以 2011 年以来发生的工伤应该按照新条例的规定予以处理。

根据新《工伤保险条例》的规定，上述情形要认定为工伤，必须符合新《工伤保险条例》第十四条规定的"（一）在工作时间和工作场所内，因工作原因受到事故伤害的……（五）因工外出期间，由于工作原因受到伤害或者发生事故下落不明的"的情形之一，同时必须没有新《工伤保险条例》第十六条规定的不得认定为工伤或者视同工伤的"（一）故意犯罪的；（二）醉酒或者吸毒的；（三）自残或者自杀的"任一情形。因此，如果该司机外出办事，不是公司安排的，是私自出车，或外出是办私事，不是去完成公司安排的工作，就不符合第十四条规定的情形，不能认定为工伤。如果该司机受伤不是自杀、自残，也不是吸毒后驾驶导致的，就要看其是否因故意犯罪而被追究刑事责任。如果该司机被追究刑事责任是因犯危险驾驶罪（飙车或醉驾）或故意伤害罪、故意杀人罪，就是故意犯罪，不能认定为工伤。如果该司机被追究刑事责任是因犯交通肇事罪（违反交通运输管理法规，因而发生重大事故，致人重伤、死亡或者使公私财产遭受重大损失的）的，就是过失犯罪，可以认定为工伤。

因此，作为人力资源管理人员，平时要注意读书看报，关注新的法律、法规，要认真学习新的《工伤保险条例》。如果劳动者在工作中因工作原因受到伤害后，要及时与工伤保险部门联系，及时组织救治，保留好相关证据，不要主观臆断，认为劳动者受伤是其违章操作造成的或被追究刑事责任，不符合认定工伤的情形而不去申请工伤认定，以免给劳动者和单位造成不必要的损失。

110. 工伤保险不能报销的费用由哪个承担?

案情:

某公司职工李某上班时受伤,公司依法为其缴纳了工伤保险金,经申请,工伤保险部门认定其为工伤。但治疗工伤期间发生的10万多元医疗费,经社保机构审核后,有7000多元未予以报销。这7000多元该由哪个承担?

答:(1)要看这不能报销的7000多元的组成情况。如果其中有在停工留薪期内因李某生活不能自理需要护理而发生的护理费,则根据《工伤保险条例》第三十三条的规定,该护理费部分应该由公司承担;如果其中有李某治疗非工伤引发的疾病而发生的费用,则按照《工伤保险条例》第三十条的规定,该部分费用按照基本医疗保险办法处理,公司不承担;(2)除上述费用外,超出工伤保险诊疗项目目录、工伤保险药品目录、工伤保险住院服务标准的费用,如果医疗机构已尽告知义务,则按照谁同意谁承担的原则,由同意支出者承担相应的费用;(3)在治疗过程中,超出工伤保险诊疗项目目录、工伤保险药品目录、工伤保险住院服务标准的费用,如果医疗机构未尽告知义务,可根据《侵权责任法》第五十五条"医务人员在诊疗活动中应当向患者说明病情和医疗措施。需要实施手术、特殊检查、特殊治疗的,医务人员应当及时向患者说明医疗风险、替代医疗方案等情况,并取得其书面同意;不宜向患者说明的,应当向患者的近亲属说明,并取得其书面同意。医务人员未尽到前款义务,造成患者损害的,医疗机构应当承担赔偿责任"的规定,由医疗机构承担该费用。

111. 员工拒不接受工伤治疗、劳动能力鉴定,用人单位怎么办?

答:《工伤保险条例》第四十二条规定,工伤职工有下列情形之一的,停止享受工伤保险待遇:拒不接受劳动能力鉴定的;拒绝治疗的。因此，单位需收集、保留相应证据，对以工伤为由，泡假不来上班的，可以停止发放其工资、福利。

112. 员工工作期间，违反安全操作规程，造成伤亡，能否认定为工伤？

答：工伤保险实行无责任补偿原则。只要劳动者没有《工伤保险条例》第十六条规定的故意犯罪、酗酒或吸毒、自残或自杀等不得认定为工伤或视同工伤的情形，符合第十四条的情形之一，就可以认定为工伤。因此，用人单位不要认为劳动者违反了单位的安全操作规程就想当然地否认其为工伤而不去申请工伤认定，否则要承担《工伤保险条例》规定的责任。

113. 单位未为劳动者缴纳工伤保险金，劳动者发生工伤怎么办？

答：《工伤保险条例》第六十二条规定，依照本条例规定应当参加工伤保险而未参加工伤保险的用人单位职工发生工伤的，由该用人单位按照本条例规定的工伤保险待遇项目和标准支付费用。用人单位参加工伤保险并补缴应当缴纳的工伤保险费、滞纳金后，由工伤保险基金和用人单位依照本条例的规定支付新发生的费用。

人社部关于执行《工伤保险条例》若干问题的意见十二指出，"新发生的费用"，是指用人单位职工参加工伤保险前发生工伤的，在参加工伤保险后新发生的费用。

因此用人单位应依法按时缴纳社会保险费，特别是新招用劳动者，最好先为其缴纳社会保险费，再让其上班，以降低用工风险。实践中出现了好多起员工刚上班几天就发生工伤的案例，有的甚至因工死亡，用人单位因未及时参保而支付了相应待遇的费用。另外送劳动者去医院救治时要跟医生说明，可能是工伤，以便医生按照有关工伤医疗的规定处理。

114. 员工工伤，单位要支付其哪些待遇？

答：用人单位为劳动者缴纳了工伤保险费，如果职工发生工伤，根据《工伤保险条例》第三十三、三十五至三十七条的规定，单位要按月支付职工暂停工作接受工伤医疗的原工资福利待遇，停工留薪期生活不能自理需要的护理费。职工因工致残被鉴定为一级至四级伤残的，由用人单位和职工个人以伤残津贴为基数，缴纳基本医疗保险费。职工因工致残被鉴定为五级、六级伤残的，保留与用人单位的劳动关系，由用人单位安排适当工作。难以安排工作的，由用人单位按月发给伤残津贴，标准为：五级伤残为本人工资的70%，六级伤残为本人工资的60%，并由用人单位按照规定为其缴纳应缴纳的各项社会保险费。伤残津贴实际金额低于当地最低工资标准的，由用人单位补足差额。经工伤职工本人提出，该职工可以与用人单位解除或者终止劳动关系，由用人单位支付一次性伤残就业补助金。劳动、聘用合同期满终止，或者职工本人提出解除劳动、聘用合同的，由用人单位支付一次性伤残就业补助金。

如果用人单位未依法为劳动者缴纳工伤保险费，则职工发生工伤，单位除支付上述费用，还需支付应从工伤保险基金中支付的医疗费、营养费，劳动者有伤残等级的，还要支付相应的伤残津贴、生活护理费、一次性伤残补助金、一次性工伤医疗补助金，职工因工死亡的，还要支付丧葬补助金、供养亲属抚恤金和一次性工亡补助金。

因此，用人单位一定要遵纪守法，按规定为员工缴纳社会保险金，加强安全生产管理，降低工伤等用工风险。

八、失业保险

劳动者与单位的劳动合同解除或终止后，可能会有一段时间处于失业状态，符合领取失业金的条件，能够享受失业保险待遇，因此，用人单位应按照法律、法规的规定，履行相应的义务，配合劳动者办理失业保险金领取手续，否则给劳动者造成损失的，要承担赔偿责任。

115. 用人单位应当为失业员工领取失业金履行哪些义务？

答：根据《社会保险法》第五十条、《失业保险条例》第十六条、《失业保险金申领发放办法》第五条的规定，用人单位应当及时为失业人员出具终止或者解除劳动关系的证明，并将失业人员的名单自终止或者解除劳动关系之日起 15 日内告知社会保险经办机构，告知其按照规定享受失业保险待遇的权利，并将失业人员的名单自终止或者解除劳动关系之日起 7 日内报社会保险经办机构备案，并按要求提供终止或解除劳动合同证明、参加失业保险及缴费情况证明等有关材料。有的地方还有特别规定，如《广西失业保险办法》第十三条规定，单位应当在与职工（含农民合同工）终止或者解除劳动关系之日起 7 日内，书面告知失业人员到受理其就业服务与失业保险业务的经办机构办理求职登记、失业登记、申办失业保险待遇（第三十六条规定，单位不履行有关责任，致使职工失业后不能享受失业保险待遇或影响其重新就业的，应当承担赔偿损失责任。赔偿标准为失业人员应当领取失业保险金或者一次性生活补助的 2 倍）。

116. 什么是非本人意愿中断就业？

答：《失业保险条例》第十四条规定，非因本人意愿中断就业是可以领取失业保险金的条件之一。《实施〈中华人民共和国社会保险法〉若干规定》第十三条、《失业保险金申领发放办法》第四条规定，非因本人意愿中断就业包括下列情形：（1）依照劳动合同法第四十四条第一项、第四项、第五项规定终止劳动合同的；（2）由用人单位依照劳动合同法第三十九条、第四十条、第四十一条规定解除劳动合同的；（3）用人单位依照《劳动合同法》第三十六条规定向劳动者提出解除劳动合同并与劳动者协商一致解除劳动合同的；（4）由用人单位提出解除聘用合同或者被用人单位辞退、除名、开除的；（5）劳动者本人依照《劳动合同法》第三十八条规定解除劳动合同的；（6）法律、法规、规章规定的其他情形。

特别提醒：大家不要认为，劳动者自己提出辞职，就不是非本人意愿中断就业，不符合享受领取失业保险金的条件。实践中，有的用人单位在劳动合同期满前，让不愿续签劳动合同的劳动者写辞职报告，该做法不好，有风险，前不久发生了用人单位以为劳动者自己辞职，不符合享受失业保险金的条件，从而未去办理领取失业金的相关手续，导致劳动者不能享受失业保险待遇，劳动者要求单位赔偿损失的案例。

九、劳动报酬

劳动报酬是劳动合同的必备条款，涉及经济补偿金、社会保险金缴纳基数、加班工资等内容，实践中用人单位与劳动者因劳动报酬而发生的纠纷很多，下面就实践中大家遇到得比较多的一些问题做一个浅显的解答，希望用人单位加强这方面的管理，预防纠纷。

117. 劳动报酬包括哪些？

答： 劳动报酬包括三部分：货币工资，用人单位以货币形式直接支付给劳动者的各种工资、奖金、津贴、补贴等；实物报酬，即用人单位以免费或低于成本价提供给劳动者的各种物品和服务等；社会保险，指用人单位为劳动者直接向政府和保险部门支付的失业、养老、人身、医疗、家庭财产等保险金。

118. 劳动者的哪些劳动收入不属于工资范围？

答： 根据国家统计局《关于工资总额组成的规定》、国家统计局《关于工资总额组成的规定》若干具体范围的解释，劳动者的以下劳动收入不属于工资范围：（1）稿费、讲课费及其他专门工作报酬；（2）出差伙食补助费、误餐补助、调动工作的旅费和安家费；（3）实行租赁经营单位的承租人的风险性补偿收入；（4）对购买本企业股票和债券的职工所支付的股息（包括股金分红）和利息；（5）计划生育独生子女补贴；（6）有关劳动保险和职工福利方面的费用。具体有：职工死亡丧葬费及抚恤费、医疗卫生费或公费医疗费用、职工生活困难补助费、集体福利事业补贴、工会文教费、集体福利费、探亲路费、冬季取暖补贴、上下班交通补贴以及洗理费等；（7）劳动保护方面的费用，如用人单位支付给劳动者的工作服、解毒剂、清凉饮料费用等；（8）按规定未列入工资总额的各种劳动报酬及其他劳动收入，如根据国家规定发放的创造发明奖、国家星火奖、自然科学奖、科学技术进步奖、合理化建议和技术改进奖、中华技能大奖等，以及稿费、讲课费、翻译费等。

另外，国税发【1994】89号规定，独生子女补贴，执行公务员工资制度未纳入基本工资总额的补贴、津贴差额和家属成员的副食品补贴，托儿补助费、差旅费津贴、误餐补助，不属于工资、薪金性质的补贴、津贴。

119. 什么是最低工资标准？

答：《最低工资规定》第三条规定，最低工资标准是指劳动者在法定工作时间或依法签订的劳动合同约定的工作时间内提供了正常劳动的前提下，用人单位依法应支付的最低劳动报酬。所谓正常劳动，是指劳动者按依法签订的劳动合同约定，在法定工作时间或劳动合同约定的工作时间内从事的劳动。劳动者依法享受带薪年休假、探亲假、婚丧假、生育（产）假、节育手术假等国家规定的假期间，以及法定工作时间内依法参加社会活动期间，视为提供了正常劳动。因此，如果劳动者由于本人原因（如请事假、因患病或非因工负伤在医疗期内）造成在法定工作时间内或依法签订的劳动合同约定的工作时间内未提供正常劳动的，不适用最低工资标准的规定。

最低工资标准是应发工资，但要剔除一些项目。《最低工资规定》第十二条规定，要剔除以下项目：（1）延长工作时间工资；（2）中班、夜班、高温、低温、井下、有毒有害等特殊工作环境、条件下的津贴；（3）法律、法规和国家规定的劳动者福利待遇等。福利是员工的间接报酬，包括用人单位为员工缴纳的社会保险金等，一般不包括员工个人应缴纳的社会保险金，但有的地方特别规定，最低工资标准应剔除个人应缴纳的社会保险费，则应执行该特别规定。如上海《关于调整本市最低工资标准的通知》规定，个人依法缴纳的社会保险费和住房公积金不作为月最低工资的组成部分，单位应按规定另行支付。

120. 加班工资基数如何确定？

答： 根据劳动部关于《劳动法》若干条文的说明第四十四条，加班工资基数为：实行计时工资的，为用人单位规定的劳动者本人的基本工资，但未明确什么是基本工资、基本工资包括哪些项目；实行计件工资的为劳动者在加班加点的工作时间内应得的计件工资。

根据《工资支付暂行规定》第十三条，加班工资基数为：劳动合同规定的劳动者本人日或小时工资标准；实行计件工资的为其本人法定工作时间计件单价。

全国民事审判工作会议纪要指出，劳动者加班工资计算基数应为劳动者应得的工资，包括计时工资或者计件工资以及奖金、津贴、补贴等货币性收入。用人单位与劳动者明确约定奖金、津贴、补贴等项目不作为加班工资计算基数的，从其约定，但约定的正常工作时间工资低于当地最低工资标准的除外。用人单位与劳动者未书面约定实际支付的工资是否包含加班工资，但用人单位有证据证明已支付的工资包含正常工作时间工资和加班工资的，可以认定用人单位已支付的工资包含加班工资，但折算后正常工作时间工资低于当地最低工资标准或者计件工资的劳动定额明显不合理的除外。另一种意见认为，用人单位与劳动者对月工资有约定的，加班工资基数应按双方约定的正常工作时间的月工资确定；如双方对月工资没有约定或约定不明的，应按劳动合同法第十八条规定确定正常工作时间的月工资，并以确定的工资数额作为加班工资的计算基数。如按劳动合同法第十八条规定仍无法确定正常工作时间工资数额的，对加班工资的基数可按照劳动者实际获得的月收入扣除非常规性奖金、福利性、风险性收入等项目后的正常工作时间的月工资确定。如工资系打包支付，或双方形式上约定的"正常工作时间工资"标准明显不合理，或有证据证明用人单位恶意将本应计入正常工作时间工资的项目归入非常规性奖金、福利性、风险性收入等项目中，以达到减少正常工作时间工资数额计算目的的，可参考实际收入乘以70％的标准进行适当调整。按上述原则确定的加班工资基数均不得低于当地月最低工资标。

有的省（市、自治区）对此做出规定。如《广西工资支付暂行规定》

第十五条规定，加班工资以集体合同、劳动合同约定的工资为基数，实行计件工资的，以劳动者本人法定工作时间计件单价为基数。集体合同、劳动合同未约定劳动者工资标准的，以劳动者本人上一个月提供正常劳动的情况下用人单位应发工资总额作为支付加班或延长工作时间工资的计算标准；《上海市企业工资支付办法》规定，加班工资的计算基数为劳动者所在岗位相对应的正常出勤月工资，不包括年终奖、上下班交通补贴、工作餐补贴、住房补贴、中夜班津贴、夏季高温津贴、加班工资等特殊情况下支付的工资。日工资 =月工资 /21.75（有的地方规定为 20.92，如上海），小时工资 = 日工资 /8。

综上所述，加班工资基数不包括劳动者加班工资，且不能低于当地最低工资标准，建议用人单位在劳动合同中对加班工资基数做出约定，以便执行。

121. 劳动者法定节假日、休息日上班，用人单位要支付其加班工资吗？

答：不一定，要区分情况。（1）支付加班工资的前提是用人单位依法安排劳动者在法定标准时间以外工作，如果用人单位没有安排，劳动者自愿（非被迫的自愿）在法定节假日上班，则没有加班工资。例如，实行计件工资的单位星期一要求劳动者 10 天内完成某项工作，而通常情况下劳动者在标准工作时间内不加班就可以完成该工作，如果劳动者在法定节假日自愿上班，就不能得到加班工资。如果通常情况下（按劳动定额、标准工作时间、平均劳动熟练程度、计件工资标准等确定）不加班无法完成任务，就可认定为被迫自愿加班，可以要求单位支付加班工资；（2）《劳动法》第五十一条规定，"劳动者在法定休假日和婚丧假期间以及依法参加社会活动期间，用人单位应当依法支付工资。"因此，月计薪天数包括法定节假日。用人单位如果安排劳动者在法定休假节日工作，应另外支付给劳动者不低于劳动合同规定的劳动者本人小时或日工资标准 300%的工资；（3）根据《关于贯彻执行〈中华人民共和国劳动法〉若干问题的意见》"实行综合计算工时工作制的企业职工，工作日正好是周休息日的，属于正常工作；工作日正好是法定节假日时，要按照劳动法第四十四条第（三）项的规定支付职工的工资报酬"的规定，实行综合计算工时工作制的企业职工，周六、周日（恰逢法定节日，用人单位安排劳动者上班除外）工作，用人单位不需支付劳动者加班工资。

122. 周末参加工会组织的活动，单位要付加班工资吗？

答：不要。理由如下：（1）员工周末参加工会组织的活动，不属于《劳动法》规定的依法参加社会活动。《劳动部关于〈中华人民共和国劳动法〉若干条文的说明》第五十一条指出，依法参加社会活动是指：《工会法》规定的不脱产工会基层委员会委员因工会活动占用的生产时间等。因此不管员工是否为工会委员，周末参加工会组织的活动，没有占用生产时间，就不属于依法参加社会活动，用人单位不需支付工资。当然也不属于《劳动法》第四十四条"休息日安排劳动者工作又不能安排补休的，支付不低于工资的百分之二百的工资报酬"的情形，所以也不需支付加班工资；（2）员工周末参加工会组织的活动与参加单位组织的体育活动不同，工会是职工自愿结合的工人阶级的群众组织，并不是用人单位的职能部门，因此其组织活动，不能视为单位的行为。这与《关于职工参加单位组织的体育活动受到伤害能否认定为工伤的请示》的复函中的情形不同。职工参加单位组织的体育活动，是单位的工作安排，而不是工会的安排，因此，周末参加工会组织的活动，不是参加单位的生产工作，单位不需支付加班工资。

123. 实行综合计算工时制的员工加班有加班工资吗？

答：（1）实行综合计算工时工作制，必须经过劳动保障行政部门审批同意后才有效。否则，即使双方劳动合同中有约定实行综合计算工时工作制的条款，也不具有法律效力，如果单位安排职工加班，仍需按标准工时制处理，单位需按规定支付职工加班工资；（2）实行综合计算工时工作制的职工必须符合《关于企业实行不定时工作制和综合计算工时工作制的审批办法》第四条规定的可以实行不定时工作制的要求。否则，如果单位安排职工加班，仍需按标准工时制处理，单位需按规定支付职工加班工资；（3）对于实行综合计算工时工作制工作和休息办法的职工，企业应根据《劳动法》的有关规定，在保障职工身体健康并充分听取职工意见的基础上，采用集中工作、集中休息、轮休调休、弹性工作时间等适当方式，确保职工的休息休假权利和生产、工作任务的完成，应保证劳动者每天工作不超过 8 小时、每周工作不超过 40 小时、每周至少休息一天。综合计算工时工作制采用的是以周、月、季、年等为周期综合计算工作时间，但其平均日工作时间和平均周工作时间应与法定标准工作时间基本相同。也就是说，在综合计算周期内的总实际工作时间不应超过总法定标准工作时间，超过部分应视为延长工作时间并按《劳动法》第四十四条第一款的规定支付工资报酬，其中法定休假日安排劳动者工作的，应按《劳动法》第四十四条第三款的规定支付工资报酬，而且延长工作时间的小时数平均每月不得超过 36 小时。

124. 综合计算工时制人员的加班工资如何计算？

答：（1）根据《关于贯彻执行〈中华人民共和国劳动法〉若干问题的意见》"实行综合计算工时工作制的企业职工，工作日正好是周休息日的，属于正常工作；工作日正好是法定节假日时，要按照劳动法第四十四条第（三）项的规定支付职工的工资报酬。"的规定，实行综合计算工时工作制的企业职工，周六、周日（恰逢法定节日，用人单位安排劳动者上班除外）工作，用人单位不需支付劳动者加班工资；法定节日用人单位安排劳动者上班，需另外支付劳动者每日 300% 的加班工资。

员工综合计算周期内的总实际工作时间超过总法定标准工作时间的，超过部分应视为延长工作时间，用人单位应按《劳动法》第四十四条第一款的规定，支付劳动者不低于工资的 150% 的工资报酬。注意，有的地方有少数民族节日，如广西"三月三"放假 2 天，工作日为 248 天（248=365-104-11-2，1 年 52 周 104 个休息日，国家法定节日 11 天，"三月三"自治区规定节日 2 天），年标准工作时间是 1984（1984=248×8）小时，月标准工作时间是 165.33 小时，（165.33=248/12×8），季标准工作时间是 496（496=165.33×3）小时。

125. 用人单位安排非全日制员工法定节假日上班要支付加班费吗？

答：《劳动法》第四十四条规定，法定休假日安排劳动者工作的，支付不低于工资的 300% 的工资报酬。但该法 1995 年开始实施时，还没有非全日制用工的形式，因此没有明确安排劳动者工作包括非全日制用工否。2003 年《关于非全日制若干问题的意见》对此也没有明确。但 1997 年《劳动部关于职工工作时间有关问题的复函》指出，依据劳动部《关于企业实行不定时工作制和综合计算工时工作制的审批办法》第五条的规定，综合计算工时工作制采用的是以周、月、季、年等为周期综合计算工作时间，但其平均日工作时间和平均周工作时间应与法定标准工作时间基本相同。也就是说，在综合计算周期内，某一具体日（或周）的实际工作时间可以超过 8 小时（或 40 小时），但综合计算周期内的总实际工作时间不应超过总法定标准工作时间，超过部分应视为延长工作时间并按《劳动法》第四十四条第一款的规定支付工资报酬，其中法定休假日安排劳动者工作的，按《劳动法》第四十四条第三款的规定支付工资报酬。据此精神，我认为用人单位安排非全日制员工法定节假日上班，要支付加班费。有的地方对此有规定，如，深圳市《关于非全日制用工的若干规定》第十一条规定，用人单位在法定休假日安排非全日制劳动者工作的，应当按照不低于劳动者本人标准工资的300%支付工资；《北京市工资支付条例规定》第十八条第二款规定，用人单位招用非全日制工作的劳动者，可以不执行本规定第十四条的规定，但安排其在法定休假日工作的，其小时工资不得低于本市规定的非全日制从业人员法定休假日小时最低工资标准（2017年非全日制从业人员小时最低工资标准21元/小时；非全日制从业人员法定节假日小时最低工资标准49.9元/小时）。从各地仲裁、法院裁决结果看，建议用人单位按照300%的标准支付劳动报酬。

126. 加班工资如何计算？

答： 对《工资支付暂行规定》有关问题的补充规定指出，加班工资是根据加班加点的多少，以劳动合同确定的正常工作时间工资标准的一定倍数所支付的劳动报酬，即凡是安排劳动者在法定工作日延长工作时间或安排在休息日工作而又不能补休的，均应支付给劳动者不低于劳动合同规定的劳动者本人小时或日工资标准150%、200%的工资；安排在法定休假节日工作的，应另外支付给劳动者不低于劳动合同规定的劳动者本人小时或日工资标准300%的工资。劳动者日工资可统一按劳动者本人的月工资标准除以每月制度工作天数进行折算。即：日工资=月工资/21.75，小时工资=日工资/8。

127. 用人单位安排员工法定节假日、双休日出差，要支付加班工资吗？

答： 加班是用人单位与员工协商一致，要求员工在法定节假日或双休日从事工作。用人单位安排员工双休日或法定节假日出差，是否要支付加班工资，要视情况而定。

如果双休日安排员工出差，员工提供了劳动，用人单位又不能安排其补休的，则属于加班，要支付加班工资；如果法定节假日安排员工出差，员工提供了劳动，要支付加班工资。

如果法定节假日、双休日安排员工出差，员工并未提供劳动，而是在休息，只不过是在出差地或交通工具上而不是在居住地休息，这种情况一般认为不属于加班，不要支付加班工资，但要支付差旅费补助。

128. 煮饭阿姨下班途中自己摔伤，用人单位要支付医药费吗？

案情：

某女，52 岁，在某公司帮忙做午餐，每天 9：30 上班，下班时间不定（14：00 前），每周休息一天，下班途中自己摔伤，单位未为其缴纳任何社会保险金，要求单位为其报销医药费。

答： 单位要不要给她报销医药费，首先要看双方之间是劳动关系还是劳务关系。如果某女已经开始依法享受基本养老保险待遇，则双方之间构成的是劳务关系。根据《最高人民法院关于审理人身损害赔偿案件适用法律若干问题的解释》第十一条"雇员在从事雇佣活动中遭受人身损害，雇主应当承担赔偿责任"及第九条"前款所称'从事雇佣活动'，是指从事雇主授权或者指示范围内的生产经营活动或者其他劳务活动"的规定，某女下班途中自己摔伤，不能认定为"从事雇佣活动"，公司不须给其报销医药费；其次，如果双方之间构成的是劳动关系，其下班途中自己摔伤，不属于认定为工伤的情形，不构成工伤，其不能以该公司未为其缴纳工伤保险金而要求公司给其报销医药费；最后，如果双方之间构成的是劳动关系，则要看是全日制用工还是非全日制用工。如果其在该公司一般平均每日工作时间不超过 4 小时，每周工作时间累计不超过 24 小时，则属于非全日制用工，根据《劳动保障部关于非全日制用工若干问题的意见》"11. 从事非全日制工作的劳动者可以以个人身份参加基本医疗保险，并按照待遇水平与缴费水平相挂钩的原则，享受相应的基本医疗保险待遇"的规定，该公司没有为该员工缴纳医疗保险金的法定义务，故其要求公司给其报销医药费缺乏法律依据。如果是全日制用工，则公司应该履行为其缴纳社会保险金的法定义务，现未履行，该公司应给其报销医药费，报销标准可参照《社会保险法》第二十八条"符合基本医疗保险药品目录、诊疗项目、医疗服务设施标准以及急诊、抢救的医疗费用，按照国家规定从基本医疗保险基金中支付"的规定。

129. 未休年休假工资报酬怎么计算？

答：《企业职工带薪年休假实施办法》第十、第十一条规定，对职工应休未休的年休假天数，单位应当按照该职工日工资收入的300% 支付年休假工资报酬，其中包含用人单位支付职工正常工作期间的收入。日工资收入按照职工本人的月工资除以月计薪天数（21.75天）进行折算。月工资是指职工在用人单位支付其未休年休假工资报酬前 12 个月剔除加班工资后的月平均工资。在本用人单位工作时间不满 12 个月的，按实际月份计算月平均工资。实行计件工资、提成工资或者其他绩效工资制的职工，日工资收入的计发办法按照本条第一款、第二款的规定执行。

《机关事业单位工作人员带薪年休假实施办法》第七条规定，机关、事业单位应根据工作人员应休未休的年休假天数，对其支付年休假工资报酬。年休假工资报酬的支付标准是：每应休未休 1 天，按照本人应休年休假当年日工资收入的300% 支付，其中包含工作人员正常工作期间的工资收入。第八条规定，工作人员应休年休假当年日工资收入的计算办法是：本人全年工资收入除以全年计薪天数（261 天）。机关工作人员的全年工资收入，为本人全年应发的基本工资、国家规定的津贴补贴、年终一次性奖金之和；事业单位工作人员的全年工资收入，为本人全年应发的基本工资、国家规定的津贴补贴、绩效工资之和。其中，国家规定的津贴补贴不含根据住房、用车等制度改革向工作人员直接发放的货币补贴。

130. 工资清单（工资发放表）应当具备哪些内容？

答：《工资支付暂行规定》第六条规定，用人单位必须书面记录支付劳动者工资的数额、时间、领取者的姓名以及签字；《广西工资支付暂行规定》第十四条规定，用人单位支付工资时应当书面记录支付劳动者的工资数额、发放时间、工作天数、应发和扣减工资的项目、依据和领取工资者的签名。因此，建议用人单位在工资清单上记录好工作天数、加班工资、请事假、年休假等情况并一定要让劳动者签名确认，以确保出现加班工资、未休年休假工资报酬等纠纷时有据可查，弥补考勤表没有劳动者签名确认的不足。

131. 工资清单（工资发放表）应当保存多久？

答：《工资支付暂行规定》第六条规定，工资清单（工资发放表）必须保存2年以上备查。《关于确立劳动关系有关事项的通知》规定，用人单位未与劳动者签订劳动合同，认定双方存在劳动关系时，工资支付凭证由用人单位负举证责任。《广西劳动保障监察办法》第十六条规定，被投诉的用人单位负有提供工资支付凭证等证据的义务。用人单位拒绝提供或者逾期不能提供证据证明未拖欠工资的，劳动保障行政部门可以根据投诉人提供的相关证据材料认定事实，参照投诉人所在单位相同或者相近岗位劳动者的工资确定工资数额，责令用人单位支付。因此用人单位一定要保存工资清单（工资发放表）2年以上。

132. 一次性伤残就业补助金如何计算？

答：《工伤保险条例》第三十六规定，职工因工致残被鉴定为五级、六级伤残的，经工伤职工本人提出与用人单位解除或终止劳动关系的，由用人单位支付一次性伤残就业补助金，具体标准由省、自治区、直辖市人民政府规定。第三十七条规定，职工因工致残被鉴定为七级到十级伤残的，劳动、聘用合同期满终止，或职工本人提出解除劳动、聘用合同，由用人单位支付一次性伤残就业补助金，具体标准由省、自治区、直辖市人民政府规定。

因此，一次性伤残就业补助金标准要看各省、自治区、直辖市人民政府规定，如广西实施《工伤保险条例》办法第二十四条规定，一次性伤残就业补助金，以解除或者终止劳动关系时本人工资为计发基数，五级到十级分别计发 18、16、13、11、9、7 个月。本人工资是指解除或者终止劳动关系时前 12 个月个人平均月缴费工资。未参加工伤保险的，解除或者终止劳动关系时本人工资指解除或者终止劳动关系时前 12 个月个人平均月工资。本人工资高于全区城镇单位在岗职工平均工资 300% 的，按照全区城镇单位在岗职工平均工资的 300% 计算；本人工资低于全区城镇单位在岗职工平均工资 60% 的，按照全区城镇单位在岗职工平均工资的 60% 计算。第二十五条规定，享受一次性伤残就业补助金待遇的职工，距法定退休年龄不足 5 年的，一次性伤残就业补助金按照下列标准执行：（1）不足 1 年的，按照全额的 30% 支付；（2）不足 2 年的，按照全额的 60% 支付；（3）不足 3 年的，按照全额的 70% 支付；（4）不足 4 年的，按照全额的 80% 支付；（5）不足 5 年的，按照全额的 90% 支付。

133. 一次性工亡补助金如何计算？

答：《工伤保险条例》第三十九条规定，一次性工亡补助金标准为上一年度全国城镇居民人均可支配收入（2016 年全国城镇居民人均可支配收入为 33616 元）的 20 倍。

134. 职工因工死亡，其近亲属享受哪些待遇？

答：《工伤保险条例》第三十九条规定，职工因工死亡，其近亲属按照下列规定从工伤保险基金领取丧葬补助金、供养亲属抚恤金和一次性工亡补助金：（一）丧葬补助金为 6 个月的统筹地区上年度职工月平均工资；（二）供养亲属抚恤金按照职工本人工资的一定比例发给由因工死亡职工生前提供主要生活来源、无劳动能力的亲属。标准为：配偶每月 40%，其他亲属每人每月 30%，孤寡老人或者孤儿每人每月在上述标准的基础上增加 10%。核定的各供养亲属的抚恤金之和不应高于因工死亡职工生前的工资。供养亲属的具体范围由国务院社会保险行政部门规定；（三）一次性工亡补助金标准为上一年度全国城镇居民人均可支配收入的 20 倍。伤残职工在停工留薪期内因工伤导致死亡的，其近亲属享受本条第一款规定的待遇。一级至四级伤残职工在停工留薪期满后死亡的，其近亲属可以享受本条第一款第（一）项、第（二）项规定的待遇。

135. 什么是薪酬管理的三 E（3 Equity）原则？

答：三 E（3 Equity）原则，就是外部公平、内部公平、自我公平原则。

外部公平要求本单位薪酬要与市场薪酬行情相当，要进行薪资调查，一般要具有竞争性，但并非必须高于市场水平，要看单位的战略要求而定，如有的单位掠夺人才，实行薪酬定位领先战略。

内部公平要求岗位之间薪酬合理，即岗位薪酬与岗位价值之比要大致相等，自己所得要与公司内部做出相同贡献的人相当，该比值过低，员工就会跳槽或消极怠工；该比值过高，优秀员工就会努力工作。

自我公平要求自己的付出要与所得相匹配。单位要加大教育、沟通的力度，引导员工进行合理的自我评价。

136. 劳动者取保候审期间，不来单位上班，单位该如何支付工资？

答：从我国《刑事诉讼法》第六十五条和第六十九条被取保候审的犯罪嫌疑人、被告人应当遵守的规定等可知，被取保候审的犯罪嫌疑人、被告人，其人身自由没有完全受到限制，有的还可以提供正常劳动，但有的不能提供正常劳动，因此应根据具体情形区别对待。（1）对可以从事劳动而不来上班的，可以不计发工资；其中不履行请假手续的以旷工论，达到严重违反单位规章制度的，可以与其解除劳动合同；（2）对确因身体原因不能上班的，凭医院证明，在规定的医疗期内按照有关规定支付病假工资，超过医疗期还不能上班的，可以解除劳动合同。

137. 什么是克扣工资？

答：劳动部关于《劳动法》若干条文的说明第五十条指出，"克扣"是指用人单位对履行了劳动合同规定的义务和责任，保质保量完成生产工作任务的劳动者不支付或未足额支付其工资。《对〈工资支付暂行规定〉有关问题的补充规定》指出，"克扣"系指用人单位无正当理由扣减劳动者应得工资（即在劳动者已提供正常劳动的前提下用人单位按劳动合同规定的标准应当支付给劳动者的全部劳动报酬）。不包括以下减发工资的情况：（1）国家的法律、法规中有明确规定的；（2）依法签订的劳动合同中有明确规定的；（3）用人单位依法制定并经职代会批准的厂规、厂纪中有明确规定的；（4）企业工资总额与经济效益相联系，经济效益下浮时，工资必须下浮的（但支付给劳动者工资不得低于当地的最低工资标准）；（5）因劳动者请事假等相应减发工资等。

138. 员工病假（非工伤或职业病），用人单位该如何支付其工资？

答：关于职工病假期间的工资支付，目前国家层面的规定有：
（1）《企业职工患病或非因工负伤医疗期规定》第五条：企业职工在医疗期内，其病假工资、疾病救济费和医疗待遇按照有关规定执行；
（2）《劳动保险条例》第十三条：工人与职员疾病或非因工负

伤停止工作医疗时，其医疗期间连续在 3 个月以内者，按其本企业工龄的长短，由该企业行政方面或资方每月发给其本人工资 50% 至 100%；

（3）《劳动保险条例实施细则》第十六条：工人职员疾病或非因工负伤停止工作连续医疗期间在 6 个月以内者，根据劳动保险条例第十三条乙款的规定，应由该企业行政方面或资方按下列标准支付病伤假期工资：本企业工龄不满 2 年者，为本人工资 60%；已满 2 年不满 4 年者，为本人工资 70%；已满 4 年不满 6 年者，为本人工资 80%；已满 6 年不满 8 年者，为本人工资 90%；已满 8 年及 8 年以上者，为本人工资 100%；第三十六条：实行劳动保险的企业的临时工、季节工及试用人员，其患病或非因工负伤的医疗期间以三个月为限，其医疗待遇与一般工人职员同。停工医疗期间，在 3 个月以内者，由企业行政方面或资方按月发给病伤假期工资，其数额为本人工资 50%；

（4）《关于贯彻执行〈中华人民共和国劳动法〉若干问题的意见》59：职工患病或非因工负伤治疗期间，在规定的医疗期间内由企业按有关规定支付其病假工资或疾病救济费，病假工资或疾病救济费可以低于当地最低工资标准支付，但不能低于最低工资标准的 80%。

但《劳动保险条例》的适用范围为：雇用工人与职员人数在 100 人以上的国营、公私合营、私营及合作社经营的工厂、矿场及其附属单位与业务管理机关；铁路、航运、邮电的各企业单位及附属单位。如果用人单位不属于上述性质的企业，可以不适用上述（2）（3）规定。不适用上述（2）（3）的规定时，各省、市、自治区对此有规定的，应适用当地的相应规定，当地无相应规定的，可以适用上述（4）的规定。在此建议用人单位在当地无相应规定时，在满足不低于当地最低工资标准支付的前提下，在劳动合同或单位的规章制度中根据工龄、医疗期等不同情况做出详细规定，以便到时有章可循。

139. 哪些情形属于依法参加社会活动，用人单位应当依法支付工资？

答：关于《劳动法》若干条文的说明第五十一条规定：依法参加社会活动是指：行使选举权；当选代表，出席政府、党派、工会、青年团、妇女联合会等组织召开的会议；担任人民法庭的人民陪审员、证明人、辩护人；出席劳动模范、先进工作者大会；《工会法》规定的不脱产工会基层委员因工会活动占用的生产时间等。

140. 员工请假参加征兵体检，单位要支付其工资吗？

答：要。劳动者请假报名参军、参加征兵体检，属于《劳动法》第五十一条规定的依法参加社会活动，用人单位应当依法支付工资。有的地方对征兵工作做出了规定，明确用人单位应当依法支付工资。如，《广西征兵工作条例》第二十条规定："应征公民接受体格检查期间的工资、奖金和其他补贴，由其所在单位按原标准发放。"因此，员工参加征兵体检请假，不属于请事假，用人单位要给其发工资。

141. 女职工产假期间，用人单位如何发放其工资？

答：《妇女权益保护法》第二十七条规定，任何单位不得因产假降低女职工的工资。《女职工劳动保护特别规定》第五条规定，用人单位不得因女职工生育而降低其工资；第八条规定，女职工产假期间的生育津贴，对已经参加生育保险的，按照用人单位上年度职工月平均工资的标准由生育保险基金支付；对未参加生育保险的，按照女职工产假前工资的标准由用人单位支付（有的地方规定不同，如《广西人口与计划生育条例》第二十五条规定，产假期间的生育津贴按生育保险相关规定发放；未参加生育保险的，由所在单位参照生育保险标准发放）。《劳动法》第七十三条规定，劳动者在生育的情形下，依法享受社会保险待遇，劳动者享受社会保险待遇的条件和标准由法律、法规规定。《社会保险法》第五十六条规定，女职工生育享受产假，可以按照国家规定享受生育津贴，生育津贴按照职工所在用人单位上年度职工月平均工资计发。以上规定不尽一致。实践中，各地的规定、做法也不太一致，有的用人单位既按女职工生育前的工资标准给劳动者发放工资，又把生育津贴全部给劳动者；有的按女职工生育前工资标准给其发工资，生育津贴不发；有的就把生育津贴给劳动者。笔者认为，如果用人单位缴纳了生育保险，员工产假期间就享受生育津贴和生育医疗津贴，用人单位可以不再发放其原工资。最好的处理办法是，生育保险部门核发生育津贴期间（有的省、自治区、直辖市目前只核发 98 天加难产、多胞胎增加的假期的津贴），选择生育津贴和职工原工资标准中的高者，发放给职工。如果用人单位没有为其缴纳生育保险金，就按其产假前工资标准支付工资。各地修订人口与计划生育条例后增加的产假期间，按照规定支付相应待遇。

对流产假期间的工资，有的地方规定一名参保女职工只能够享受 1 次，有的地方只给予医疗补助，这都与法律、法规的规定不太一致，单位可根据当地规定，在规章制度中予以明确，确保劳动者该期间享受相应标准的生育津贴或原工资、福利待遇。

142. 员工计划生育节育手术假期工资如何计算？

答：这要看各地的规定，如果员工能够享受生育保险津贴，单位可选择生育津贴与员工原工资之间的高者支付员工工资。如《上海市计划生育奖励与补助若干规定》第十三条规定，实行计划生育手术的公民，按规定享受休假，假期期间的工资按照本人正常出勤应得的工资发给。

广东省工资支付条例第十九条规定，劳动者依法享受计划生育假期间，用人单位应当视同其正常劳动并支付正常工作时间的工资。如果当地规定员工能享受生育保险待遇，则要看其享受待遇的具体情况，有的单位支付的待遇很低，单位需按生育津贴或员工原工资标准补足其差额。

143. 什么是无故拖欠工资？

答：劳动部关于《劳动法》若干条文的说明第五十条指出，无故拖欠是用人单位无正当理由在规定时间内故意不支付劳动者工资。对《工资支付暂行规定》有关问题的补充规定指出，"无故拖欠"系指用人单位无正当理由超过规定付薪时间未支付劳动者工资。不包括：（1）用人单位遇到非人力所能抗拒的自然灾害、战争等原因，无法按时支付工资；（2）用人单位确因生产经营困难、资金周转受到影响，在征得本单位工会同意后，可暂时延期支付劳动者工资，延期时间的最长限制可由各省、自治区、直辖市劳动行政部门根据各地情况确定。《广西壮族自治区工资支付暂行规定》第二十九条指出，用人单位确因生产经营困难，资金周转受到影响，或因其他不可抗力情形，暂无法按时支付劳动者工资的，应在工资支付日的5日前与本单位工会或职工代表协商一致后，可以延期支付，但延期支付的时间不得超过一个工资支付周期，并于延期支付开始的3日内书面报告当地劳动保障部门。

144. 赔偿款从劳动者工资中扣除，有哪些限制？

答：《工资支付暂行规定》第十六条规定，因劳动者本人原因给用人单位造成经济损失的，用人单位可按照劳动合同的约定要求其赔偿经济损失。经济损失的赔偿，可从劳动者本人的工资中扣除。但每月扣除的部分不得超过劳动者当月工资的20%。若扣除后的剩余工资部分低于当地月最低工资标准，则按最低工资标准支付。要注意满足两个条件：劳动合同或规章制度中约定从工资中扣款；扣除后的剩余工资不低于当地最低工资标准。

因此，用人单位在设计薪酬结构时，要考虑有的劳动者给单位造成损失后，一走了之，遭受的损失难从其工资中得到赔偿的情况，不妨在薪酬结构中增加年度安全奖、履行劳动合同奖等。

145. 什么情况下，用人单位要支付劳动者不低于6个月工资的医疗补助费？

答：《劳动部关于实行劳动合同制度若干问题的通知》22. 指出，劳动者患病或者非因工负伤，合同期满终止劳动合同的，用人单位应当支付不低于六个月工资的医疗补助费；对患重病或绝症的，还应适当增加医疗补助费。《劳动部办公厅关于对劳部发〔1996〕354号文件有关问题解释的通知》指出，"劳动者患病或者非因工负伤，合同期满终止劳动合同的，用人单位应当支付不低于6个月工资的医疗补助费"是指合同期满的劳动者终止劳动合同时，医疗期满或者医疗终结被劳动鉴定委员会鉴定为5—10级的，用人单位应当支付不低于6个月工资的医疗补助费。鉴定为1—4级的，应当办理退休、退职手续，享受退休、退职待遇。

146. 非因劳动者原因停工停产，用人单位该如何支付工资？

答：《工资支付暂行规定》第十二条规定，非因劳动者原因造成单位停工、停产在一个工资支付周期内的，用人单位应按劳动合同规定的标准支付劳动者工资。超过一个工资支付周期的，若劳动者提供了正常劳动，则支付给劳动者的劳动报酬不得低于当地的最低工资标准；若劳动者没有提供正常劳动，应按国家有关规定办理。

147. 实行计件（提成）工资要注意哪些问题？

答：对可量化工作内容的用人单位，实行计件工资制度可大大提高劳动者的工作效率，实现按劳分配、多劳多得的目的。但在实行的过程中应当注意：《最低工资规定》第十二条规定，实行计件工资或提成工资等工资形式的用人单位，在科学合理的劳动定额基础上，其支付劳动者的工资不得低于相应的最低工资标准。因此单位需保证劳动者有工作可做，没有工作时需保证其每个月工资不低于最低工资标准；要有一名精通工艺、精通工价预估的管理人员，设置科学的劳动定额、单价，保证工价的权威性，不能让员工因此讨价还价，避免出现有的产品大家抢着做而有的产品无人做或很少有人愿意做的情形；设置工作数量的记录方式，以免加大统计人员的工作强度；加强质量检查，规定产品合格率的范围，特别是刚试制、更换设备时，要注意多进行产品质量检查，以免出现废品、次品多而劳动者工资不多的情况。

148. 什么情况下用人单位需支付劳动者高温津贴？

答：《防暑降温措施管理办法》第十七条规定，劳动者从事高温作业的，依法享受岗位津贴。用人单位安排劳动者在35℃以上高温天气从事室外露天作业以及不能采取有效措施将工作场所温度降低到33℃以下的，应当向劳动者发放高温津贴，并纳入工资总额。高温津贴标准由省级人力资源社会保障行政部门会同有关部门制定，并根据社会经济发展状况适时调整。第三条指出，高温作业是指有高气温，或有强烈的热辐射，或伴有高气湿（相对湿度 ≥ 80%RH）相结合的异常作业条件、湿球黑球温度指数（WBGT 指数）超过规定限值的作业。高温天气是指地市级以上气象主管部门所属气象台站向公众发布的日最高气温 35℃ 以上的天气。高温天气作业是指用人单位在高温天气期间安排劳动者在高温自然气象环境下进行的作业。

高温补贴的具体标准、享受时间要看各省级人力资源社会保障行政部门会同有关部门制定的规定，如广西《关于发布企业高温津贴标准的通知》（桂人社发【2011】114 号）指出，每年 6 至 10 月，用人单位安排劳动者在高温天气下工作的，应当向劳动者支付高温津贴，标准为每人每月 100 至 200 元。

149. 你愿意拿 18000 元还是 18001 元年终奖？

答：愿意拿 18000 元。理由为：

根据《国家税务总局关于调整个人取得全年一次性奖金等计算征收个人所得税方法问题的通知》，纳税人取得全年一次性奖金，单独作为一个月工资、薪金所得计算纳税，并按以下计税办法，由扣缴义务人发放时代扣代缴：（1）先将雇员当月内取得的全年一次性奖金，除以 12 个月，按其商数确定适用税率和速算扣除数。如果在发放年终一次性奖金的当月，雇员当月工资薪金所得低于税法规定的费用扣除额，应将全年一次性奖金减除"雇员当月工资薪金所得与费用扣除额的差额"后的余额，按上述办法确定全年一次性奖金的适用税率和速算扣除数。

当劳动者当月工资薪金所得等于税法规定的费用扣除额时，劳动者年终奖 18000 元，将 18000 除以 12，得到的结果为 1500 元，对应的税率就为 3%。因此 18000 元年终奖的应纳税额为 $18000 \times 3\% = 540$ 元，劳动者实得年终奖 17460 元。

当年终奖 18001 元，将 18001 除以 12，结果为 1500.08 元，对应税率为 10%。因此 18001 元年终奖的应纳税额为 $18001 \times 10\% - 105 = 1695$ 元，劳动者实得年终奖 16306 元。年终奖多发 1 元，应纳税额多了 1155 元，劳动者实得奖金反而少了 1154 元。因此用人单位在设计薪酬结构时需考虑《个人所得税法》的规定。18，001—19，283 元、54，001—60，188、108，001—114，600 为一次性年终奖的严格禁止区间；19，284—20，888、60，189—70，500 为一次性年终奖原则上禁止的区间。

150. 用人单位怎样调薪？

答：单位需坚持薪酬管理的三 E 原则（3 Equity，外部公平、内部公平、自我公平原则），调薪的幅度一般控制在 5% ~ 30% 之间；一般年度统一调薪，不宜接受日常调薪申请；可在每年 12 月份设立薪资调整周，集中讨论和解决调薪问题；依据年度考核结果，按考核结果的等级，调整一定幅度或比例；设计总体上达到一定调薪水平，如6%或7%。

151. 薪酬设计一般分哪几步？

答： 一般分七步：（1）盘点职位，统计总经理、总经理秘书、采购部经理、营销部经理、行政部经理、财务部经理、销售业务员、人力资源专员、会计、出纳、营销经理助理、采购专员、配载专员、督查专员、司机、库管员、商品储护运员、理货员等各个岗位；（2）评价各职位，对各职位的技能、教育、经验、体力、责任、工作条件等进行评价；（3）划分各职位等级；（4）进行薪酬调查，调查规模相同的企业、同一地区的企业、同一行业的企业、竞争对手的薪酬情况；（5）进行薪酬定位，根据本单位的战略定位，确定薪酬定位；（6）根据上述情况，划分薪酬等级；（7）制定规范的制度，把上述情况经过民主程序制定为合法有效的薪酬制度。

152. 解除或终止劳动合同的经济补偿金如何计算？

答： 计算解除或终止劳动合同的经济补偿金（生活补助费），要看劳动者所在用人单位的性质、劳动者是否为农民工、解除劳动合同的原因、工作时间段等具体情形，劳动者在用人单位的工龄是否计算，工资标准如何等。具体规定有：

《劳动合同法》第四十七条规定：经济补偿按劳动者在本单位工作的年限，每满一年支付1个月工资的标准向劳动者支付。6个月以上不满一年的，按一年计算；不满6个月的，向劳动者支付半个月工资的经济补偿。劳动者月工资高于用人单位所在直辖市、设区的市级人民政府公布的本地区上年度职工月平均工资3倍的，向其支付经济补偿的标准按职工月平均工资3倍的数额支付，向其支付经济补偿的年限最高不超过12年。本条所称月工资是指劳动者在劳动合同解除或者终止前12个月的平均工资。

《劳动合同法实施条例》第二十七条规定：《劳动合同法》第四十七条规定的经济补偿的月工资按照劳动者应得工资计算，包括计时工资或者计件工资以及奖金、津贴和补贴等货币性收入。劳动者在劳动合同解除或者终止前12个月的平均工资低于当地最低工资标准的，按照当地最低工资标准计算。劳动者工作不满12个月的，按照实际工作的月数计算平均工资。《劳动合同法实施条例》第十条规定：劳动者非因本人原因从原用人单位被安排到新用人单位工作的，劳动者在原用人单位的工作年限合并计算为新用人单位的工作年限。原用人单位已经向劳动者支付经济补偿的，新用人单位在依法解除、终止劳动合同计算支付经济补偿的工作年限时，不再计算劳动者在原用人单位的工作年限。

《最高人民法院关于审理劳动争议案件适用法律若干问题的解释（四）》第五条指出：用人单位符合下列情形之一的，应当认定属于"劳动者非因本人原因从原用人单位被安排到新用人单位工作"：

（一）劳动者仍在原工作场所、工作岗位工作，劳动合同主体由原用人单位变更为新用人单位；（二）用人单位以组织委派或任命形式对劳动者进行工作调动；（三）因用人单位合并、分立等原因导致劳动者工作调动；（四）用人单位及其关联企业与劳动者轮流订立劳动合同；（五）其他合理情形。

《劳动合同法》第九十七条规定：本法施行之日存续的劳动合同在本法施行后解除或者终止，依照本法第四十六条规定应当支付经济补偿的，经济补偿年限自本法施行之日起计算；本法施行前按照当时有关规定，用人单位应当向劳动者支付经济补偿的，按照当时有关规定执行。

2008年1月1日《劳动合同法》施行前解除或终止劳动合同支付经济补偿金的规定有：

劳动部关于贯彻执行《劳动法》若干问题的意见38指出，劳动合同期满或者当事人约定的劳动合同终止条件出现，劳动合同即行终止，用人单位可以不支付劳动者经济补偿金。国家另有规定的，可以从其规定。

《国营企业实行劳动合同制暂行规定》（国发【1986】77号，1986年10月1日起施行，2001年10月6日废止）第二十三条规定下列情形，企业应当按照其在本企业工作年限，每满一年发给相当于本人标准工资一个月的生活补助费，但最多不超过 12 个月的本人标准工资：劳动合同制工人因合同期满；患病或非因工负伤，医疗期满后不能从事原工作的；经国家有关部门确认，劳动安全、卫生条件恶劣，严重危害工人身体健康的；企业不能按照劳动合同规定支付劳动报酬的；经企业同意，自费考入中等专业以上学校学习的；企业不履行劳动合同，或者违反国家政策、法规，侵害工人合法权益的。

《全民所有制企业招用农民合同制工人的规定》（1991 年 7 月 25 日起实施，2001 年 10 月 6 日废止）第十七条规定，下列情形，企业应当按照其在本企业工作年限，每满一年发给相当于本人标准工资 1 个月的生活补助费，但最多不超过 12 个月的本人标准工资：农民工因劳动合同期满，劳动合同终止执行；患病或者非因工负伤，医疗期满不能从事原工作的；企业经其主管部门批准转产或者调整生产任务，人员多余的；企业不履行劳动合同，或者违反国家政策、法规，损害工人合法权益的；经企业同意，自费考入中等专业以上学校学习的；在其户口所在地应征入伍的。

破产企业领取一次性安置费的人员再就业后的工龄，其原在国有企业的工龄及再就业后的工龄可合并计算为连续工龄。但在重新就业的单位与职工解除劳动关系支付经济补偿金时，原单位的工作年限不计算为新单位的工作年限。退伍、复员、转业军人的军龄，按照《中华人民共和国兵役法》和中共中央、国务院、中央军委《军队转业干部安置暂行办法》（中发【2001】3 号）第三十七条以及国务院、中央军委《关于退伍义务兵安置于作随用人单位改革实行劳动合同制度的意见》（国发【1993】54 号）第五条规定，计算为接收安置单位的连续工龄。

关于组织调动、企业分立、合并后经济补偿金年限计算问题，原劳动部办公厅《对（关于终止或解除劳动合同计发经济补偿金有关问题的请示）的复函》（劳办发【1996】33 号）中第四条已有明确规定："因用人单位的合并、兼并、合资、单位改变性质、法人改变名称等原因而改变工作单位的，其改变前的工作时间可以计算为在本单位的工作时间。由于成建制调动、组织调动等原因而改变工作单位的，是否计算为在本单位的工作时间，在行业直属企业间成建制调动或组织调动等，由行业主管部门作出规定，其他调动，由各省、自治区、直辖市作出规定"。对企业改制改组中已经向职工支付经济补偿金的，职工被改制改组后企业重新录用的，在解除劳动合同支付经济补偿金时，职工在改制前单位的工作年限可以不计算为改制后单位的工作年限。

《违反和解除劳动合同的经济补偿办法》（1995年1月1日施行）第五条经劳动合同当事人协商一致，由用人单位解除劳动合同的，用人单位应根据劳动者在本单位工作年限，每满一年发给相当于一个月工资的经济补偿金，最多不超过12个月。工作时间不满一年的按一年的标准发给经济补偿金。

第六条　劳动者患病或者非因工负伤，经劳动鉴定委员会确认不能从事原工作，也不能从事用人单位另行安排的工作而解除劳动合同的，用人单位应按其在本单位的工作年限，每满一年发给相当于一个月工资的经济补偿金，同时还应发给不低于6个月工资的医疗补助费。患重病和绝症的还应增加医疗补助费，患重病的增加部分不低于医疗补助费的50%，患绝症的增加部分不低于医疗补助费的100%。

第七条　劳动者不能胜任工作，经过培训或者调整工作岗位仍不能胜任工作，由用人单位解除劳动合同的，用人单位应按其在本单位工作的年限，工作时间每满一年，发给相当于一个月工资的经济补偿金，最多不超过12个月。

第八条　劳动合同订立时所依据的客观情况发生重大变化，致使原劳动合同无法履行，经当事人协商不能就变更劳动合同达成协议，由用人单位解除劳动合同的，用人单位按劳动者在本单位工作的年限，工作时间每满一年发给相当于一个月工资的经济补偿金。

第九条　用人单位濒临破产进行法定整顿期间或者生产经营状况发生严重困难，必须裁减人员的，用人单位按被裁减人员在本单位工作的年限支付经济补偿金。在本单位工作的时间每满一年，发给相当于一个月工资的经济补偿金。

第十一条　本办法中经济补偿金的工资计算标准是指企业正常生产情况下劳动者解除合同前12个月的月平均工资。

用人单位依据本办法第六条、第八条、第九条解除劳动合同时，劳动者的月平均工资低于企业月平均工资的，按企业月平均工资的标准支付。

153. 用人单位要为职工缴存住房公积金吗？

答：要。

《住房公积金管理条例》第十五条规定，单位录用职工的，应当自录用之日起 30 日内到住房公积金管理中心办理缴存登记，并持住房公积金管理中心的审核文件，到受委托银行办理职工住房公积金账户的设立或者转移手续。

单位与职工终止劳动关系的，单位应当自劳动关系终止之日起 30 日内到住房公积金管理中心办理变更登记，并持住房公积金管理中心的审核文件，到受委托银行办理职工住房公积金账户转移或者封存手续。第三十七条规定，违反本条例的规定，单位不办理住房公积金缴存登记或者不为本单位职工办理住房公积金账户设立手续的，由住房公积金管理中心责令限期办理；逾期不办理的，处 1 万元以上 5 万元以下的罚款。第三十八条规定，违反本条例的规定，单位逾期不缴或者少缴住房公积金的，由住房公积金管理中心责令限期缴存；逾期仍不缴存的，可以申请人民法院强制执行。

154. 住房公积金缴存额是多少？

答：《住房公积金管理条例》第十六条规定，职工住房公积金的月缴存额为职工本人上一年度月平均工资乘以职工住房公积金缴存比例。单位为职工缴存的住房公积金的月缴存额为职工本人上一年度月平均工资乘以单位住房公积金缴存比例。第十八条规定，职工和单位住房公积金的缴存比例均不得低于职工上一年度月平均工资的 5%；有条件的城市，可以适当提高缴存比例。具体缴存比例由住房公积金管理委员会拟订，经本级人民政府审核后，报省、自治区、直辖市人民政府批准。

因此，具体缴存额要看当地的政策，如，《关于调整 2016 年度柳州市住房公积金缴存基数及月缴存额上限的通知》指出，2016年度柳州市（含六县）企业职工正常住房公积金缴存比例为5% ~ 12%，其他单位正常住房公积缴存比例为8% ~ 12%，具体缴存比例由各单位根据实际情况在上述标准范围内自行确定。

十、劳动争议调解仲裁法

近几年来，劳动争议案件数量不断增加，一些用人单位的人力资源管理负责人不知所措，忙乱应付。下面联系几个案例，谈谈处理劳动争议中的举证、时效、提起诉讼等问题。

155. 用人单位对哪些方面的争议负举证责任？

答：《关于审理劳动争议案件适用法律若干问题的解释》第十三条指出，因用人单位作出的开除、除名、辞退、解除劳动合同、减少劳动报酬、计算劳动者工作年限等决定而发生的劳动争议，用人单位负举证责任。

《工伤保险条例》第十九条规定，职工或者其直系亲属认为是工伤，用人单位不认为是工伤的，由用人单位承担举证责任。

《关于确立劳动关系有关事项的通知》指出，工资支付凭证或记录（职工工资发放花名册）、缴纳各项社会保险费的记录；劳动者填写的用人单位招工招聘"登记表""报名表"等招用记录；考勤记录等由用人单位负举证责任。

156. 哪些劳动争议实行一裁终局？

答：《劳动争议调解仲裁法》第四十七条规定，追索劳动报酬、工伤医疗费、经济补偿或者赔偿金，不超过当地月最低工资标准12个月金额的争议；因执行国家的劳动标准在工作时间、休息休假、社会保险等方面发生的争议，除本法另有规定的外，仲裁裁决为终局裁决，裁决书自作出之日起发生法律效力。

最高人民法院关于审理劳动争议案件适用法律若干问题的解释（三）第十三条指出，劳动者依据调解仲裁法第四十七条第（一）项规定，追索劳动报酬、工伤医疗费、经济补偿或者赔偿金，如果仲裁裁决涉及数项，每项确定的数额均不超过当地月最低工资标准12个月金额的，应当按照终局裁决处理。第十四条指出，劳动人事争议仲裁委员会作出的同一仲裁裁决同时包含终局裁决事项和非终局裁决事项，当事人不服该仲裁裁决向人民法院提起诉讼的，应当按照非终局裁决处理。对于一裁终局制的裁决，用人单位不服，只能依据《劳动争议调解仲裁法》第四十九条的规定，向劳动争议仲裁委员会所在地的中级人民法院申请撤销裁决。

157. 用人单位面对一裁终局制的裁决怎么办？

答：《劳动争议调解仲裁法》第四十九条规定，用人单位有证据证明本法第四十七条规定的仲裁裁决（一裁终局制的裁决）有下列情形之一，可以自收到仲裁裁决书之日起30日内向劳动争议仲裁委员会所在地的中级人民法院申请撤销裁决：（1）适用法律、法规确有错误的；（2）劳动争议仲裁委员会无管辖权的；（3）违反法定程序的；（4）裁决所根据的证据是伪造的；（5）对方当事人隐瞒了足以影响公正裁决的证据的；（6）仲裁员在仲裁该案时有索贿受贿、徇私舞弊、枉法裁决行为的。人民法院经组成合议庭审查核实裁决有前款规定情形之一的，应当裁定撤销。仲裁裁决被人民法院裁定撤销的，当事人可以自收到裁定书之日起15日内就该劳动争议事项向人民法院提起诉讼。

158. 申请劳动争议仲裁的时效规定有哪些？

答：《劳动争议调解仲裁法》第二十七条规定，劳动争议申请仲裁的时效期间为1年。仲裁时效期间从当事人知道或者应当知道其权利被侵害之日起计算。仲裁时效因当事人一方向对方当事人主张权利，或者向有关部门请求权利救济，或者对方当事人同意履行义务而中断。从中断时起，仲裁时效期间重新计算。

因不可抗力或者有其他正当理由，当事人不能在本条第一款规定的仲裁时效期间申请仲裁的，仲裁时效中止。从中止时效的原因消除之日起，仲裁时效期间继续计算。

劳动关系存续期间因拖欠劳动报酬发生争议的，劳动者申请仲裁不受本条第一款规定的仲裁时效期间的限制；但劳动关系终止的，应当自劳动关系终止之日起1年内提出。《最高人民法院关于审理民事案件适用诉讼时效制度若干问题的规定》第二条规定，当事人违反法律规定，约定延长或者缩短诉讼时效期间、预先放弃诉讼时效利益的，人民法院不予认可；第三条规定，当事人未提出诉讼时效抗辩，人民法院不应对诉讼时效问题进行释明及主动适用诉讼时效的规定进行裁判；第四条规定，当事人在一审期间未提出诉讼时效抗辩，在二审期间提出的，人民法院不予支持，但其基于新的证据能够证明对方当事人的请求权已过诉讼时效期间的情形除外。当事人未按照前款规定提出诉讼时效抗辩，以诉讼时效期间届满为由申请再审或者提出再审抗辩的，人民法院不予支持。

159. 劳动者追索2年前的加班工资、未休年休假工资报酬，能得到支持吗？

答：《劳动争议调解仲裁法》第二十七条规定，劳动争议申请仲裁的时效期间为1年。仲裁时效期间从当事人知道或者应当知道其权利被侵害之日起计算。劳动关系存续期间因拖欠劳动报酬发生争议的，劳动者申请仲裁不受本条第一款规定的仲裁时效期间的限制；但是，劳动关系终止的，应当自劳动关系终止之日起1年内提出。劳动者追索2年前的加班工资、未休年休假工资报酬，实践中一般认为没有超过时效。最高人民法院关于审理劳动争议案件适用法律若干问题的解释（三）第九条规定，劳动者主张加班费的，应当就加班事实的存在承担举证责任，但劳动者有证据证明用人单位掌握加班事实存在的证据，用人单位不提供的，由用人单位承担不利后果。而目前国家还没有法律规定要用人单位保留考勤记录（实践中，有的单位没有考勤记录，但《浙江省企业工资支付管理办法》第十二条规定，企业应当建立劳动考勤制度，书面记录劳动者的出勤情况，每月与劳动者核对、确认。企业保存劳动考勤记录时间不得少于2年），更没有规定考勤记录要保留多长时间。《工资支付暂行规定》第六条规定，用人单位必须书面记录支付劳动者工资的数额、时间、领取者的姓名以及签字，并保存 2 年以上备查。如果用人单位保留了 2 年内的工资清单，就没有违法，让其提供 2 年前的工资清单，加大了其负担，故目前有的地方不支持（除非已查实）2 年前的加班工资、未休年休假工资，如广州、北京、江苏。

案例：

李某 2007 年入职某公司，2013 年 3 月与公司解除劳动合同后，主张每年应休年休假 15 天，但入职后未休过年休假，要求公司支付 2008 年度（《职工带薪年休假条例》2008 年 1 月 1 日起施行）到 2013 年 3 月未休年休假工资。

裁决结果：

用人单位应保留员工 2 年的工资支付记录备查，在这 2 年内，用人单位对劳动者的考勤、休假情况负有举证责任，超出 2 年的，由劳动者举证。公司未举证证明李某的考勤、休假情况，李某未举证证明自己已累计工作满 20 年，且未对 2012 年前的未休假举证。因此，公司应按照每年 5 天年休假的标准支付李某 2012 年至 2013 年 3 月的未休年休假工资。

评析：工资清单必须有劳动者签名。有的地方规定，工资清单应记录劳动者月工作天数等内容，这样工资清单就可以起到考勤记录的作用。用人单位不妨把工资清单内容列详细一点，以便不时之需。另外有的地方出台了一些仲裁规则，大家要注意当地的一些特别规定。如，广州市中级人民法院发布的《劳动人事争议纠纷案件审判参考》第八十九条规定，劳动者追索 2 年前的加班工资，原则上由劳动者负举证责任，如超过 2 年的加班工资数额确实无法查证的，对超过 2 年的加班工资一般不予保护。《北京市高级人民法院北京市劳动人事争议仲裁委员会关于审理劳动争议案件法律适用问题的解答》19 指出，劳动者要求用人单位支付其未休年休假工资的仲裁时效为 1 年，每年未休年休假应获得年休假工资报酬的时间从第二年的 12 月 31 日起算。

160.《劳动法》第八十二条中"劳动争议发生之日"如何认定?

答: 最高人民法院关于审理劳动争议案件适用法律若干问题的解释(二)第一条指出,下列情形,视为《劳动法》第八十二条规定的"劳动争议发生之日":(1)在劳动关系存续期间产生的支付工资争议,用人单位能够证明已经书面通知劳动者拒付工资的,书面通知送达之日为劳动争议发生之日。用人单位不能证明的,劳动者主张权利之日为劳动争议发生之日;(2)因解除或者终止劳动关系产生的争议,用人单位不能证明劳动者收到解除或者终止劳动关系书面通知时间的,劳动者主张权利之日为劳动争议发生之日;(3)劳动关系解除或者终止后产生的支付工资、经济补偿金、福利待遇等争议,劳动者能够证明用人单位承诺支付的时间为解除或者终止劳动关系后的具体日期的,用人单位承诺支付之日为劳动争议发生之日。劳动者不能证明的,解除或者终止劳动关系之日为劳动争议发生之日。

十一、社会保险补贴、残疾人就业保障金、招聘

近几年，国家出台了一些政策，减轻企业负担，但一些用人单位不了解；实践中，一些用人单位违法招聘人员；一些用人单位没有按规定招收残疾人，下面就这些情况谈几个问题。

161. 用人单位什么情况下可享受社会保险补贴？

答：《国务院关于扶持小型微型企业健康发展的意见》（国发〔2014〕52号）指出，对小型微型企业吸纳就业困难人员就业的，按照规定给予社会保险补贴。注意，享受社会保险补贴的用人单位是小型微型企业。什么是就业困难人员，还要满足哪些条件，要看各地的规定，大家可以上当地的人力资源和社会保障网搜索，如，《广西壮族自治区就业促进办法》第十五条规定，用人单位招用就业困难人员，签订劳动合同并缴纳社会保险费的，按规定给予社会保险补贴。第二十六条规定，有下列情形之一难以实现就业的，属于就业困难人员：（1）残疾人员；（2）女性40周岁以上、男性50周岁以上持有《就业失业登记证》；（3）享受城镇居民最低生活保障且登记失业；（4）登记失业连续12个月以上；（5）其他难以实现就业的情形。

162. 用人单位什么情况下可享受稳岗补贴？

答：《关于失业保险支持企业稳定岗位有关问题的通知》指出，享受稳岗补贴的基本条件为：企业生产经营活动符合国家及省产业结构调整政策和环保政策；依法参加失业保险并足额缴纳失业保险费；上年度末裁员或裁员率低于统筹地区城镇登记失业率；企业财务制度健全、管理运行规范。注意，只有企业才能享受该补贴，具体条件、失业率要看当地的规定，大家可以上当地的人力资源和社会保障网搜索，查看享受条件、申报时间、需要提交的材料等，以便及时申领。

163. 稳岗补贴的使用范围及申领期限怎样？

答：稳岗补贴主要用于职工生活补助、缴纳社会保险费、转岗培训、技能提升培训等相关支出。符合稳岗补贴条件的企业，在实施兼并重组、化解产能严重过剩、淘汰落后产能期间，每年可以申请一次稳岗补贴。稳岗补贴政策执行到 2020 年底。

164. 用人单位招用人员不得有哪些行为？

答：《就业服务与就业管理规定》第十四至二十条规定，用人单位招用人员不得有下列行为：（1）提供虚假招聘信息，发布虚假招聘广告；（2）扣押被录用人员的居民身份证和其他证件；（3）以担保或者其他名义向劳动者收取财物；（4）招用未满 16 周岁的未成年人以及国家法律、行政法规规定不得招用的其他人员；（5）招用无合法身份证件的人员；（6）以招用人员为名牟取不正当利益或进行其他违法活动；不得以诋毁其他用人单位信誉、商业贿赂等不正当手段招聘人员；除国家规定的不适合妇女从事的工种或者岗位外，不得以性别为由拒绝录用妇女或者提高对妇女的录用标准。录用女职工，不得在劳动合同中规定限制女职工结婚、生育的内容；不得歧视残疾人；不得以是传染病病原携带者为由拒绝录用。但是，经医学鉴定传染病病原携带者在治愈前或者排除传染嫌疑前，不得从事法律、行政法规和国务院卫生行政部门规定禁止从事的易使传染病扩散的工作。除国家法律、行政法规和国务院卫生行政部门规定禁止乙肝病原携带者从事的工作外，不得强行将乙肝病毒血清学指标作为体检标准；发布的招用人员简章或招聘广告，不得包含歧视性内容。

165. 用人单位可以通过哪些途径自主招用人员？

答：《就业服务与就业管理规定》第十条规定，用人单位可以通过下列途径自主招用人员：（1）委托公共就业服务机构或职业中介机构；（2）参加职业招聘洽谈会；（3）委托报纸、广播、电视、互联网站等大众传播媒介发布招聘信息；（4）利用本企业场所、企业网站等自有途径发布招聘信息；（5）其他合法途径。

166. 国家对用人单位招用残疾人有哪些规定？

答：《残疾人就业保障金征收使用管理办法》第四条指出，残疾人是指持有《中华人民共和国残疾人证》上注明属于视力残疾、听力残疾、言语残疾、肢体残疾、智力残疾、精神残疾和多重残疾的人员，或者持有《中华人民共和国残疾军人证》（1至8级）的人员。第六至二十条规定，用人单位安排残疾人就业的比例不得低于本单位在职职工总数的1.5%。具体比例由各省、自治区、直辖市人民政府根据本地区的实际情况规定。用人单位安排残疾人就业达不到其所在地省、自治区、直辖市人民政府规定比例的，应当缴纳保障金；用人单位将残疾人录用为在编人员或依法与就业年龄段内的残疾人签订1年以上（含1年）劳动合同（服务协议），且实际支付的工资不低于当地最低工资标准（此规定要求高于最低工资规定的要求），并足额缴纳社会保险费的，方可计入用人单位所安排的残疾人就业人数。用人单位安排1名持有《中华人民共和国残疾人证》（1至2级）或《中华人民共和国残疾军人证》（1至3级）的人员就业的，按照安排2名残疾人就业计算。用人单位跨地区招用残疾人的，应当计入所安排的残疾人就业人数；保障金按上年用人单位安排残疾人就业未达到规定比例的差额人数和本单位在职职工年平均工资之积计算缴纳。计算公式如下：

保障金年缴纳额＝（上年用人单位在职职工人数 × 所在地省、自治区、直辖市人民政府规定的安排残疾人就业比例 – 上年用人单位实际安排的残疾人就业人数）× 上年用人单位在职职工年平均工资。

用人单位在职职工，是指用人单位在编人员或依法与用人单位签订1年以上（含1年）劳动合同（服务协议）的人员。季节性用工应当折算为年平均用工人数。以劳务派遣用工的，计入派遣单位在职职工人数。用人单位安排残疾人就业未达到规定比例的差额人数，以公式计算结果为准，可以不是整数。上年用人单位在职职工年平均工资，按用人单位上年在职职工工资总额除以用人单位在职职工人数计算；自工商登记注册之日起 3 年内，对安排残疾人就业未达到规定比例、在职职工总数 30 人以下（含 30 人）的小微企业，免征保障金（见《关于取消、调整部分政府性基金有关政策的通知》，2017 年 4 月 1 日起执行）；用人单位遇不可抗力自然灾害或其他突发事件遭受重大直接经济损失，可以申请减免或者缓缴保障金。具体办法由各省、自治区、直辖市财政部门规定。用人单位申请减免保障金的最高限额不得超过 1 年的保障金应缴额，申请缓缴保障金的最长期限不得超过 6 个月；用人单位未按规定缴纳保障金的，按照《残疾人就业条例》的规定，由保障金征收机关提交财政部门，由财政部门予以警告，责令限期缴纳；逾期仍不缴纳的，除补缴欠缴数额外，还应当自欠缴之日起，按日加收 5‰的滞纳金。

综上所述，用人单位需查看当地的规定，可向当地税务、残联、财政等部门咨询，落实好保障残疾人就业的相关工作。

十二、企业诚信

近几年来，国家出台了《关于构建和谐劳动关系的意见》《国务院办公厅关于全面治理拖欠农民工工资问题的意见》（国办发〔2016〕1号）、《重大劳动保障违法行为社会公布办法》及《企业劳动保障守法诚信等级评价办法》等法规和文件，用人单位需重视诚信建设，认真遵守劳动保障法律、法规及规章，构建和谐劳动关系。

167. 企业的哪些重大劳动保障违法行为将会被社会公布？

答：《重大劳动保障违法行为社会公布办法》第五条规定，人力资源社会保障行政部门对下列已经依法查处并作出处理决定的重大劳动保障违法行为，应当向社会公布：（1）克扣、无故拖欠劳动者劳动报酬，数额较大的；拒不支付劳动报酬，依法移送司法机关追究刑事责任的；（2）不依法参加社会保险或者不依法缴纳社会保险费，情节严重的；（3）违反工作时间和休息休假规定，情节严重的；（4）违反女职工和未成年工特殊劳动保护规定，情节严重的；（5）违反禁止使用童工规定的；（6）因劳动保障违法行为造成严重不良社会影响的；（7）其他重大劳动保障违法行为。

168. 企业重大劳动保障违法行为被公布后，会对企业产生哪些影响？

答：《重大劳动保障违法行为社会公布办法》第十条规定，人力资源社会保障行政部门应当将重大劳动保障违法行为及其社会公布情况记入用人单位劳动保障守法诚信档案，纳入人力资源社会保障信用体系，并与其他部门和社会组织依法依规实施信息共享和联合惩戒。商业银行等机构将对严重失信主体提高贷款利率和财产保险费率，或限制向其提供贷款、保荐、保险、承销等服务。

169. 用人单位对社会公布内容有异议，如何解决？

答：根据《重大劳动保障违法行为社会公布办法》第十一条的规定，用人单位对社会公布内容有异议的，可向负责查处的人力资源社会保障行政部门申请复核和处理，负责查处的人力资源社会保障行政部门自收到申请之日起 15 个工作日内予以复核和处理，并通知用人单位。

170. 人力资源社会保障行政部门根据哪些情况对企业劳动保障守法诚信等级进行评价？

答：《企业劳动保障守法诚信等级评价办法》第六条规定，人力资源社会保障行政部门根据下列情况对企业劳动保障守法诚信等级进行评价：（1）制定内部劳动保障规章制度的情况；（2）与劳动者订立劳动合同的情况；（3）遵守劳务派遣规定的情况；（4）遵守禁止使用童工规定的情况；（5）遵守女职工和未成年工特殊劳动保护规定的情况;（6）遵守工作时间和休息休假规定的情况;（7）支付劳动者工资和执行最低工资标准的情况；（8）参加各项社会保险和缴纳社会保险费的情况；（9）其他遵守劳动保障法律、法规和规章的情况。

171. 企业劳动保障守法诚信等级是如何划分的？

答：《企业劳动保障守法诚信等级评价办法》第七条规定，企业劳动保障守法诚信等级划分为 A、B、C 三级：（1）企业遵守劳动保障法律、法规和规章，未因劳动保障违法行为被查处的，评为 A 级；（2）企业因劳动保障违法行为被查处，但不属于 C 级所列情形的，评为 B 级；（3）企业存在下列情形之一的，评为 C 级：因劳动保障违法行为被查处 3 次以上（含 3 次）的；因劳动保障违法行为引发群体性事件、极端事件或造成严重不良社会影响的；因使用童工、强迫劳动等严重劳动保障违法行为被查处的；拒不履行劳动保障监察限期整改指令、行政处理决定或者行政处罚决定的；无理抗拒、阻挠人力资源社会保障行政部门实施劳动保障监察的；因劳动保障违法行为被追究刑事责任的。

172. 企业劳动保障守法诚信等级评价情况对企业有何影响？

答：《企业劳动保障守法诚信等级评价办法》第十条规定，人力资源社会保障行政部门根据企业劳动保障守法诚信等级评价情况，对劳动保障监察管辖范围内的企业实行分类监管。对于被评为 A 级的企业，适当减少劳动保障监察日常巡视检查频次；对于被评为 B 级的企业，适当增加劳动保障监察日常巡视检查频次；对于被评为 C 级的企业，列入劳动保障监察重点对象，强化劳动保障监察日常巡视检查。第十一条规定，对于被评为 C 级的企业，人力资源社会保障行政部门应对其主要负责人、直接责任人进行约谈，敦促其遵守劳动保障法律、法规和规章。